Peter P. Hopfinger

Wenn Diabetiker reisen

Texte: Peter P. Hopfinger

Lektorat: MMag. Alexander Sprung

Redaktion: Mag. Anne Rainer

Fotos: Veronika Kub, Niederländisches Büro für Tourismus & Convention - NBTC Holland Mediabank, Italienische Zentrale für Tourismus ENIT Wien, Visit Iceland, TUI Deutschland, Zypern Tourismus, www.bigfoto.com, Fotolia.com (© Chee-Onn Leong, sallydexter, fotalain, Protosom, noel moore, vicspacewalker, Sven Brenner, Daniel BOITEAU, jelwolf, Altair de Bruin, Momentum)

Foto Peter P. Hopfinger: Veronika Kub

Coverillustration: © hugolacasse - Fotolia.com

Grafische Gestaltung: Barbara Schneider-Resl

Druck und Bindung: Donau Forum Druck, Wien

ISBN: 978-3-99005-112-2

Peter P. Hopfinger

Wenn Diabetiker reisen

Die wertvollsten Tipps
für einen entspannten Urlaub

KRENN

DIABETES AUSTRIA
Initiative Soforthilfe
für Menschen mit Diabetes
www.diabetes-austria.com

Inhalt

Reiseberichte

Ein Reisebegleiter fürs Leben und auf Reisen

Das ganze Leben von der Geburt bis zum Tod ist eine Reise. Viele meinen, sie gehe auch über unser irdisches Leben hinaus. Im Lauf unseres Lebens haben wir viele Reisebegleiter. Manche begleiten uns nur ein sehr kurzes Stück, andere länger und einige wenige begleiten uns auf dem ganzen uns verbliebenen Lebensweg. Meist wählt man solche Begleiter aus freien Stücken – wenn man von der Familie, in die man hineingeboren wurde, absieht – und vor allem kann man die Bekanntschaft mit so einem Begleiter je nach Wunsch von beiden Seiten intensiver oder oberflächlicher gestalten.

Es gibt allerdings auch einige wenige Begleiter auf diesem Lebensweg, die man sich nicht nur nicht ausgesucht hat, sondern die man auch gerne durchaus ablehnen würde. Dazu gehört zweifellos die Zuckerkrankheit (Diabetes mellitus). Sie begleitet den Patienten nicht nur ein Leben lang, sondern hat auch kaum Annehmlichkeiten anzubieten.

Ich durfte im Rahmen meines Berufslebens als Medizinerin mit Schwerpunkt Diabeteskompetenz beweisen, dass dank der von mir entwickelten funktionellen Insulin Therapie (FIT) und der dazugehörigen Schulungsmethodologie (DiabetesFIT®) heute Menschen wie der Extremsportler Geri Winkler sogar in der Lage sind, als insulinpflichtige Diabetiker den höchsten Gipfel der Erde, den Mount Everest, zu erklimmen. Auch Peter P. Hopfinger ist einer meiner FIT-geschulter Patienten. Und auch er ist ein lebendes Beispiel dafür, wie man als Diabetiker gleichzeitig auch ein weitgereister Journalist sein kann.

In diesem Buch finden Sie nicht nur Alltagssituationen, sondern auch Berichte über außergewöhnliche Umstände in fremden Ländern. Die Anleitung zu Kommunikation in vielen Sprachen finden Sie hier genauso, wie praktische Tipps zur Überwindung von Problemen, die vor Ort auftauchen können. Wenn Diabetiker reisen, so sollten sie es auf jeden Fall mit diesem Buch tun, damit sie noch mehr Spaß, Entspannung und Erholung haben und sich unbeschwert dem Erleben anderer Kulturen und Länder widmen können.

Univ. Prof. Dr. med. Kinga Howorka, MBA, MPH,
FA für Innere Medizin und Diabetologie **www.diabetesfit.org**

Fahren Sie gerne auf Urlaub?

Höchst wahrscheinlich, sonst hätten Sie wohl nicht dieses Buch erworben oder vielleicht auch geschenkt bekommen. Fremde Länder, andere Menschen, exotische Speisen und ein relaxter Tagesablauf verhelfen den meisten Urlaubern zu Entspannung und Erholung vom Alltag.

Für Menschen mit der Zuckerkrankheit gibt es einen Urlaub allerdings nie: die Ferien vom Diabetes. Die Tatsache, dass sich jeder Erkrankte tagtäglich mit seinem Diabetes beschäftigen muss, lässt viele Patienten vor größeren Urlaubsreisen zurückschrecken. Unsicherheit gepaart mit Unwissen und der Angst, zu weit vom eigenen vertrauten Arzt entfernt zu sein, sind die Ursachen dafür.

Dabei ist das heute tatsächlich nicht mehr notwendig. Diabetiker – mit und ohne Insulintherapie – bereisen heute die ganze Welt, erklimmen Berge, absolvieren ausgedehnte Tauchgänge in den Ozeanen unseres Planeten oder touren per Mountainbike durch die schönsten Gegenden.

Ein ungewöhnliches Beispiel ist der ehemalige Wiener Mittelschullehrer Geri Winkler, der es als erster insulinpflichtiger Diabetiker sogar bis auf den Gipfel des Mount Everest schaffte. Aber nicht nur er ist ein lebender Beweis dafür, dass man auch mit der Zuckerkrankheit sengend heisse Wüsten, bitterkalte arktische Regionen und subtropische Länder besuchen kann.

Auch ich persönlich habe als insulinpflichtiger Diabetiker bereits den afrikanischen Busch, Asien, Australien und Mittelamerika bereist – um nur die exotischsten Reiseziele der letzten 15 Jahre zu nennen. Man kann also heute mit Diabetes rund um den Globus fahren und so ein Stück Freiheit, Erholung und Horizonterweiterung erleben. Dazu kommt, dass mit jeder erfolgreichen Reise die Sicherheit auf fremdem Terrain wächst und damit die Entspannung und das ungetrübte Urlaubsvergnügen größer wird.

Freilich: auch die längste Reise beginnt mit dem ersten Schritt und wer mit Diabetes auf Reisen gehen will, sollte in der Vorbereitung und auch vor Ort gleich mehrere Schritte unternehmen, um unbeschwert fremde Länder zu besuchen.

Der erste Schritt ist sicher die gute und gründliche Planung und Vorbereitung und bei genau diesem ersten wichtigen Schritt soll dieses Buch ein wichtiger Begleiter sein.

Wir sagen – zum Großteil aus eigener Erfahrung aber natürlich auch unter Beachtung ärztlicher Richtlinien – genau, worauf Diabetiker achten sollen. Was sie mitnehmen sollen, was sie tun oder besser lassen sollen.

Um die Lust aufs Reisen zu steigern, haben wir Reisereportagen aus den vergangenen fünfzehn Jahren gekürzt, aktualisiert und redigiert. Ausserdem haben wir für jedes Land, das wir bereist haben, wichtige Tipps, Adressen und Kontakte hinzugefügt. Und als kleine Sprachhilfe finden Sie ein paar wesentliche Begriffe und wichtige Sätze in einem Dolmetschteil in sieben Sprachen übersetzt.

Damit wünsche ich Ihnen erholsamen Urlaub, spannende Begegnungen mit fremden Kulturen und vor allem Eines: behalten Sie Ihren Diabetes im Auge, aber lassen Sie sich nicht von ihm abhalten, interessante Auslandsreisen zu unternehmen. Damit nach einer Reise zu einem der Orte auf unserem schönen blauen Planeten auch für Sie gilt: wenn einer eine Reise tut, dann kann er was erzählen.

Peter P. Hopfinger
Herausgeber und seit mehr als 15 Jahren Diabetiker

Danke!

Die Welt ist ein Buch. Wer nie reist, sieht nur eine Seite davon, postulierte Augustinus Aurelius, der bedeutendste lateinische Kirchenvater des Abendlandes bereits im vierten Jahrhundert nach Christus. Während zu dieser Zeit und auch noch viele Jahrhunderte danach Reisen unendlich mühsam und das Herstellen von Büchern langwierige Einzelarbeit war, ist die moderne Produktion von Büchern das Ergebnis komplexer Teamarbeit. Es ist – wenn der Vergleich gestattet ist – wie bei einer Rock´n´Roll-

Band. Der Sänger und Star würde ohne die ihn begleitenden Musiker, Sound- und Lichttechniker oft genug ziemlich armselig wirken und manche Weltkarriere wäre bereits in den Anfängen gescheitert.

Auch ich verstehe mich im Zusammenhang mit diesem Ihnen vorliegenden Buchprojekt zwar als Frontmann, weiß aber ganz genau, wem ich dafür zu Dank verpflichtet bin.

Deshalb darf ich folgende Herrschaften vor den Vorhang bitten:

Da wäre an erster Stelle der engagierte Verleger Hubert Krenn zu nennen, der sich mit zahlreichen Publikationen rund um das Thema Diabetes längst einen ausgezeichneten Ruf erarbeitet hat. Er trägt letztendlich das finanzielle Risiko, sorgt für den Vertrieb, die Werbung und die administrative Abwicklung.

Fotografisch, redaktionell und administrativ war auch meine kongeniale Geschäftspartnerin Veronika Kub mehrere Monate mit der Entstehung des Buches beschäftigt. Auch ihr gebührt ein großes Dankeschön. Mein Kollege Harald Frohnwieser – ich kenne ihn noch aus „Kurier"-Zeiten – hat sich als ausführender Redakteur und Chef vom Dienst Lorbeeren verdient.

Im Hubert-Krenn-Verlag arbeiteten die Grafikerin Barbara Schneider-Resl, der Lektor MMag. Alexander Sprung und die Redakteurin Mag. Anne Rainer am Buch „Wenn Diabetiker reisen". Herzlichen Dank dafür.

Auch bei unseren „Reisenden", die die Basis für unsere Länderreportagen lieferten, möchte ich mich herzlich und ausdrücklich bedanken: das sind mein Journalisten-Kollege vom „Standard" Peter Illetschko, meine Tochter Mia Bruckner, Harald und Thomas Frohnwieser, Veronika Kub und irgendwie auch Extremsportler Geri Winkler, der auch mich zu ungewöhnlichen Abenteuern als Diabetiker ermunterte.

Last but not least gebührt mein Dank meiner Therapeutin Univ. Prof. Dr. Kinga Howorka (www.diabetesfit.org). Ohne ihr medizinisches Wissen und ihr Schulungssystem der Funktionellen Insulin Therapie (FIT) wäre ich möglicherweise nicht bei so guter Gesundheit gewesen, um viele der beschriebenen Reisen in den vergangenen 16 Jahren machen zu können.

Eine globale Krankheit kann auch weltweit reisen

Diabetes ist robust. Er verkühlt sich nicht beim Skifahren, er fängt sich keinen Sonnenbrand ein und wenn man ein bissel aufs Essen schaut, wird ihm nicht einmal schlecht. Mit Diabetes kann man also wunderbar auf Urlaub fahren.

Diabetes ist eine weltweit verbreitete Krankheit, die sich folgerichtig auch leicht mitnehmen lässt. Ans Meer. In die Berge. Auf eine Bildungsreise. Zum Tauchen. Auf eine einsame Insel. Ins Abenteuer. Zum Faulenzen. In eine andere Stadt. Und das alles in jedem Land.

Kennt der Diabetes das Land, in das er mitgenommen wird, noch nicht, ist er anfangs mitunter leicht verwirrt. Und wenn Diabetes verwirrt ist, reißt es ihn immer ein bissel hin und her zwischen Hochgefühlen und Tiefpunkten, die niemandem ganz einsichtig sind. Aber wenn man das ohne viel Aufregung im Auge behält, beruhigt es sich bald. Ansonsten braucht der Diabetes bloß etwas Vorbereitung, eine subtile Feinabstimmung und manchmal Anleitung beim Essen. Aber weil es in anderen Ländern nicht nur andere Speisen, sondern auch andere Manieren und andere Tischsitten gibt, holen wir etwas aus und fangen bei der Höflichkeit an.

Distanzierte Höflichkeit in Asien

In Asien beginnt gutes Benehmen einen Meter vom Gegenüber entfernt. Asiaten ist körperliche Nähe unangenehm, also verbeugt man sich und lässt die Hände voneinander. Streckt einem jemand im Fernen Osten dennoch die Rechte entgegen, ist das Höflichkeit von der anderen Seite und man darf ruhig zugreifen. Allerdings nicht zu fest, in Tokyo und Peking bevorzugt man den Handschlag der laschen Art.

In Südostasien sollte man nie mit leeren Händen Bekanntschaften machen. Denn Fremde ohne Visitenkarte heißen hier gar nichts. Die Kärtchen, am besten noch zweisprachig, gehören zum Begrüßungsritual und werden immer mit beiden Händen überreicht und in Empfang genommen. Sie aus der Hosen- und nicht aus der Brieftasche zu ziehen, macht vor allem in China und Singapur einen echten Rüpel aus uns.

In China wird so gern gegessen wie in Las Vegas gepokert. Und die Begeisterung hört man. Es wird geschlürft, geschmatzt und gerülpst, man stochert hingebungsvoll in den Zähnen herum, man unterhält sich nicht, man schreit sich an und bekleckert das Tischtuch. Kurz: Man tut alles, was man als Kind nicht durfte. Bis auf eins, da sind sich Chinesen und Perser einig: Wer niest, ist das Letzte, insbesondere, wenn er sich dann auch noch schnäuzt.

Mit diesem Verbot wird man leider auch beim Menü wählerischer. Immerhin ist der Trick, mit einem verschämten Nieser auch etwas Ekeliges aus dem Mund loszuwerden, an sich ganz charmant. Ohne ihn muss man auf Schlange oder Affenhirn entweder gleich verzichten oder die Krot eben schlucken. Ob man mit Alkohol nachspült oder das Abenteuer nüchtern übersteht, ist dem Hausherrn nicht so wichtig, solange man bei den Trinksprüchen mithält. Toasts sind fast überall auf der Welt beliebt und je weiter östlich, auch umso blumiger. Bloß ein Fauxpas darf einem nicht passieren: Hat man bei Tisch mit Hinweis auf Diabetes auf Alkohol verzichtet, wäre es doch etwas ungeschickt, sich nach dem Dinner volltrunken an der Hotelbar erwischen zu lassen.

Noch ungeschickter ist nur, einen Spanier mit abfälligen Bemerkungen über den Stierkampf unterhalten zu wollen, einen Thailänder wegen Sextourismus zur Rede zu stellen oder einen Franzosen Kulturbanausen zu heißen.

Respekt in der Welt des Islam

Auch in der islamischen Welt schüttelt man sich ungern die Hände, hat aber weniger Angst, sich zu nahe zu kommen. Zumindest unter Männern – die wünschen einander mit dem Bruderkuss einen guten Tag. Der wiederum kommt in Europa nicht so gut an – Europäer küssen einander auch zur Begrüßung viel lieber, wenn einer der Männer eine Frau ist. In dem Fall gehen die Muslime sofort auf Distanz – im Vorderen Orient gehen Männer Hand in Hand, würden sie aber nie einer Frau reichen, die von Gläubigen zum niedrigeren Geschlecht gezählt wird.

Hat man uns als Mensch von Welt erkannt, kann es durchaus sein, dass man eine warme Mahlzeit für uns übrig hat. Den Hinweis, dass und die Erklärung warum man nicht alles, was da bald serviert werden wird, auch essen darf, ist in keinem Land der Erde unhöflich. Im Gegenteil, man wird auch den Diabetiker von Welt in uns entdecken.

Um diesen Eindruck nicht gleich wieder zunichte zu machen, sollte man sich bei Tisch nicht daneben benehmen, egal, ob auf privaten Einladungen oder in Restaurants. Von Istanbul bis Kairo sitzt man zum Beispiel nicht mit nackten Armen und Knien herum, Frauen sollten für alle Fälle einen Schal in der Handtasche haben, der als Kopfbedeckung durchgehen kann. Männer passen besser auf, wen sie wie anschauen. In islamischen Ländern ist man im Umgang mit dem anderen Geschlecht äußerst zurückhaltend, in Marokko etwa gilt bereits Blickkontakt zwischen Mann und Frau als sexuelle Kontaktaufnahme und mögliche Belästigung.

Gegessen wird im arabischen Raum nur mit der rechten Hand, die Linke gilt im Islam als unrein und darf daher beim Essen nicht benutzt werden. Noch unhöflicher wäre es nur, lauthals Schweinefleisch zu bestellen. Australier halten die Hände unterm Tisch bis alle bedient sind und essen wie die Amerikaner mit der Rechten, während die Linke im Schoß liegen bleibt. Mit einem Europäer können sie damit nicht verwechselt werden.

Übrigens: auch wer mit Diabetes im Fastenmonat Ramadan in ein islamisches Land reist, muss sich keine Sorgen über den respektvollen Umgang mit der Religion machen. Religionsstifter Mohammed hat im Koran ausdrücklich Langzeiterkrankte wie etwa Diabetiker von den sonst recht komplizierten Regeln des Ramadan ausgenommen.

Vor der Reise

Um jetzt aber nicht so zu tun, als gebe es für Diabetiker überhaupt kein Problem, sofern man nur weiß, wie man die Hände und wann man den Mund halten soll, stellen wir uns so einen Urlaub in einer nicht-gewohnten Umgebung einmal ganz praktisch vor. Und das beginnt schon Wochen vor der Reise.

- Impfungen sollten so früh wie möglich erledigt werden, da sie die Diabeteseinstellung vorübergehend stören und zu Blutzuckerschwankungen führen können.
- Fliegt man in den Urlaub, überlegt man sich ebenfalls Wochen vor dem Abflug, ob man isst, was das Catering hergibt, oder um-

disponiert. Bei den meisten Fluggesellschaften lassen sich für lange Flüge bis spätestens zwei Tage vor Abflug Diabetikermahlzeiten vorbestellen. Die Erfahrung zeigt allerdings, dass man das höchstens einmal macht. Der Grund: Man hat selten so schlecht gegessen. Besser: Auf das vegetarische Menu ausweichen.

- Um Drogenkontrollen oder Probleme beim Zoll zu vermeiden, ist eine in englischer Sprache formulierte Bestätigung über die Notwendigkeit der Medikamente, Spritze und Testmaterialien sehr sinnvoll. Einige Länder haben sehr strenge Vorschriften, was die Einfuhr von Lebensmitteln angeht. Deshalb kann auch eine ärztliche Bescheinigung über das Mitführen einer BE-Notration (Kekse, Gummibärchen etc.) nicht schaden. Noch glaubwürdiger sind die Atteste natürlich, wenn man einen internationalen Diabetikerausweis vorweisen kann. Die Bestätigung man kann von www.diabetes-austria.com/dyn/userfiles/pdf/DiabetesBestaetigung_2.pdf herunterladen.

- Auch der Reisebegleiter Diabetes braucht eine Karte. So wie moderne Reisende heute kaum ohne die als „Plastikgeld" titulierten Kreditkarten (Visa, MasterCard, American Express) auskommt, sollte auch der Diabetes mit einer eigenen Karte ausgestattet sein. Keine Angst, Sie brauchen keine neue Kreditkarte, Sie haben sie bereits. Auf der Rückseite jeder e-card, die heute jeder Österreicher besitzt, befindet sich die Europäische Krankenversicherungskarte (EKVK), mit der ihr Eigentümer in den EU-Mitgliedstaaten, den EWR-Staaten und der Schweiz ärztliche Hilfe ebenso wie die Bürger des jeweiligen Staates erhalten muss. In vielen Fällen erfolgt dann die Behandlung für den Inhaber kostenfrei, weil auch aus dem Ausland direkt mit der heimischen Kasse verrechnet wird. Wenn dies – wie etwa in Frankreich – nicht möglich ist, muss der Patient bezahlen, bekommt aber die Kosten nach österreichischen Tarifsätzen und Vorlage einer detaillierten Rechnung von seiner Krankenkasse erstattet.

Auf der Reise

- Da Diabetes weder Flug- noch Höhenangst hat, kommt es bloß auf uns an. Haben wir das Messbesteck im Koffer, haben wir mehr ein- als sonst was gecheckt: Das Zeug gehört natürlich ins Handgepäck. Egal, ob man kurz und billig fliegt und es in der Luft bloß ein paar Sandwiches gibt, die aussehen, als wären sie aus der Sahelzone eingeflogen worden, oder ob man lang und teuer unterwegs ist, dafür aber noch ganze Menüs serviert bekommt – als Diabetiker hat man auch in neuntausend Meter Höhe die Kontrolle zu bewahren. Man hat seinen Zuckerwert zu messen wie sonst auch oder besser sogar öfter.
- Ins Handgepäck gehören auch alle Medikamente samt Testmaterialien. Man braucht sie zwar nicht unbedingt während des Fluges, aber man braucht sie unbedingt im Urlaub. Koffer können verloren gehen und mit Sicherheit sind die Temperaturen im Gepäckraum für Insulin zu niedrig. Die Minus-Grade zerstören die Medikamente oder machen sie zumindest unwirksam. Praktischer Tipp für Reisen in Gesellschaft: Ein Reisebegleiter sollte eine Reserve an Medikamenten und Insulin mitnehmen. Und: Für den Fall dass das Insulin doch irgendwie verschwindet, notiert man sich genau die verwendeten Insuline mit Namen und Inhalt oder nimmt die Beipackzettel mit.
- Während des Fluges sollte man mindestens alle drei Stunden seine Stichproben machen. Da Typ-I-Diabetiker auf Langstreckenflügen oft niedrige Werte haben, ist es besser, einen hö-

heren Blutzuckerspiegel zu akzeptieren, als eine Unterzuckerung zu riskieren.

- Besonders wichtig bei Langstreckenflügen: Die Blutzuckerkontrolle am Abend machen, da der Blutzucker nachts leicht abfällt. Bei Flügen mit Zeitverschiebung verschiebt sich auch etwas im Diabetes-Management. Zeitunterschiede von bis zu vier Stunden können durch kurz wirksame Insuline ausgeglichen werden. Bei längeren Zeitverschiebungen muss die Dosis lang wirksamer Insuline angepasst werden. Bei Flügen nach Osten verkürzt sich der Tag und der Insulinbedarf sinkt. Bei Flügen nach Westen verlängert sich der Tag und der Insulinbedarf steigt. Am besten bespricht man die Anpassung mit dem behandelnden Arzt.

- Trinken Sie reichlich während des Fluges, aber vermeiden Sie Alkohol, weil er den ohnehin niedrigen Blutzucker noch mehr senkt.
- Je früher man eine Unterzuckerung aufhält, desto besser. Obwohl das Flugpersonal im Notfall alles für einen Diabetiker tun würde, gibt es doch Situationen, wie allein schon Start und Landung, bei denen man auf sich allein gestellt ist. Am besten nimmt man Traubenzucker, kleine Zwischenmahlzeiten und Glukagonspritzen mit, um sich selbst helfen zu können.

Am Ziel der Reise

- Man sollte einen ausreichenden Vorrat an oralen Medikamenten oder Insulin mitnehmen, die Versorgung im Reiseland ist nicht immer gewährleistet.
- Insulin ist einigermaßen hitzestabil, bis 40 Grad Celsius sollte es cool bleiben. Trotzdem schadet es nicht, in sehr heißen Ländern

einen Vorrat im Kühlschrank oder der Minibar kühl zu lagern. Aber Achtung: Insulin darf nicht mit der Kühleinheit in Berührung kommen, da es sonst gefrieren und damit unbrauchbar oder zumindest nicht mehr voll wirksam werden kann.

- Bei Ausflockungen, Schlierenbildung oder Farbveränderung sind Insuline kaputt und müssen vernichtet werden. Wer einen Insulin-Pen benutzt, sollte unbedingt einen Ersatz-Pen oder zusätzlich Spritzen mitnehmen. Pumpenträger sollte ebenfalls darauf achten, genügend Ersatzmaterial (Katheter etc.) mitzunehmen. Am besten deponiert man das Reserve-Material im Hotelsafe.
- Der Diabetes-Notfall-Anhänger in englischer Sprache kann Leben retten. Diabetes ist als Begriff so international bekannt wie die Krankheit. Wer immer den Anhänger zeigt, signalisiert auch im Ausland, dass er wegen Diabetes Hilfe braucht.

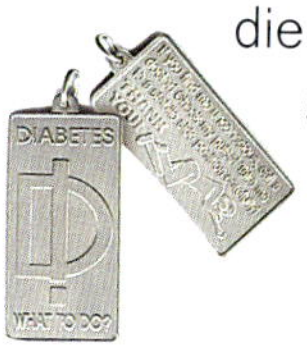

  Bestellen kann man den Anhänger auf der Homepage www.diabetes-austria.com.
- Urlaub ist eine Zeit, in der man anders lebt als den Rest des Jahres. Achtung: Betreibt man mehr Sport, braucht man weniger Insulin. Und: Bei heißem Wetter isst man weniger.
- Diabetiker, die nur mit einer Diät, also ohne Insulin auskommen, sollten sich nicht nur rechtzeitig über die Essgewohnheiten in ihrem Urlaubsgebiet informieren. Wichtig sind auch Süßstoff und Austausch-Tabellen über den Kohlenhydratgehalt von exotischen Früchten und Gemüsesorten, um die üblichen Mengen auch am Urlaubsort einhalten zu können.
- Bei Durchfall und Erbrechen entgleist der Mineral- und Wasserhaushalt des Menschen schneller. Man kann sich nicht darauf verlassen, dass Kohlenhydrate den Blutzucker ausreichend erhöhen, deshalb ist es wichtig viel Schwarztee zu trinken, der mit Zucker gesüßt ist und leicht verdauliche Kohlenhydrate zu es-

sen. Der Blutzucker sollte alle ein bis zwei Stunden gemessen werden. Sollten Durchfall und Erbrechen anhalten, muss man zum Arzt gehen.

- In der Reisekrankenversicherung (meist sind Kreditkarten-Besitzer automatisch reiseversichert, wenn sie eine einzige Bezahlung mit der Karte tätigen) sollten diabetische Notfälle eingeschlossen sein.
- Wenn Medikamente verloren gehen oder verderben, sollte man dem Arzt oder Apotheker nicht nur den Namen, sondern auch den Wirkstoff und die Dosierung des Präparats nennen können. Nur dann ist es möglich, das bevorzugte Mittel zu bekommen, denn etliche Präparate sind in anderen Ländern unter anderen Bezeichnungen eingetragen. Selbst wenn es um ganz andere Erkrankungen als Diabetes geht, sollte man doch immer Diabetiker-Ausweis, Dosierungsplan und Diabetiker-Tagebuch dabeihaben. So kennt der Arzt die Vorgeschichte und kann leichter handeln.
- Vor jeder Fernreise sollte man mit einem Hausarzt Risiken und Schutzmaßnahmen besprechen.

Die wichtigsten Formulierungen auf englisch und weiteren sechs Sprachen (italienisch, spanisch, französisch, griechisch, türkisch und kroatisch) finden Sie ab Seite 138 im Buch.

Damit BlutHOCHdruck nicht zum UrlaubsTIEF führt

Tipps und Tricks rund um die Blutdruckmessung im Urlaub

Die regelmäßige Kontrolle des Blutdrucks ist ein wichtiger Bestandteil der Gesundheitsvorsorge und sollte auch im Urlaub konsequent durchgeführt werden. Bedenken Sie dabei folgende Punkte:

- ♥ Packen Sie Ihr Blutdruckmessgerät in eine dafür vorgesehene **Aufbewahrungstasche /-box** (bei allen Tensoval® Geräten inkludiert) und führen Sie es im **Handgepäck** mit, um Schläge und Erschütterungen zu vermeiden.
- ♥ Verwenden Sie im Ausland **Batterien anstatt Netzgeräte** und umgehen so das Problem unterschiedlicher Steckdosenanschlüsse. Während der Hin- und Rückreise Batterien jedoch aus dem Gerät nehmen.
- ♥ Nur **qualitativ hochwertige Blutdruckmessgeräte** mit auf die Reise nehmen, die der **Druckbelastung** während des Fluges standhalten. Bei Billiggeräten könnten Einzelteile wie Druckventil oder Schlauch nicht entsprechend verarbeitet sein und Schäden entstehen.
- ♥ Unser Herz-Kreislauf-System reagiert auf Veränderungen wie Zeitverschiebungen oder ungewohnte Temperaturen. **Kennzeichnen** Sie daher in Ihrem **Blutdruckpass** die **Werte,** die **während des Urlaubs gemessen** wurden. Eventuelle Abweichungen sind somit nachvollziehbar.
- ♥ Versuchen Sie trotz Ausflügen und geänderten Tagesabläufen Ihren **Blutdruck zur selben Zeit** zu messen. Achten Sie auf eine entspannte Sitzposition und ruhen Sie sich vor der Messung aus.

TENSOVAL®, das meist empfohlene Blutdruckmessgerät*
wünscht Ihnen einen schönen und erholsamen Urlaub!

Vertrauen auch Sie auf den Experten

* Studie zur Empfehlungshäufigkeit von OTC-Präparaten in Österreichischen Apotheken 2008-2010, Der Neue Apotheker Verlagsgesellschaft mbH

Zum Schmunzeln

Skurrile Beschwerden über Reisemängel

Urlauber zufriedenzustellen ist für Reiseveranstalter nicht immer einfach. Doch neben berechtigten Klagen, wie bei Baustellen direkt vor der Tür oder verschimmelten Zimmern, gibt es immer wieder Urlauber, die aus einer Mücke einen Elefanten machen – und damit auch noch vor Gericht ziehen. Wer es auf Reisen nicht erträgt, dass „auch Einheimische am Strand sind“ (und deshalb vor Gericht zieht!) – der muss daheim bleiben.

Ein Wiener wollte im Badezimmer seines Hotels in Tunesien ein Staubwusel entdeckt haben, welches er zu Beweiszwecken ablichtete und als Reisemangel einklagte. Der Richter konnte auf dem Foto allerdings nichts erkennen, und selbst wenn: „Ein Staubwusel stellt lediglich eine Unannehmlichkeit dar“, so lautete das abweisende Urteil.

Eine Dame, die in einem Salzburger Hotel ein Zimmer reserviert hatte, wollte diese Reservierung nach ihrer Anreise mit der Begründung rückgängig machen, sie fühle sich betrogen. Denn im Garten stünden keine Blumen, und auch der rosafarbene Kirschbaum, der auf der Website zu sehen sei, blühe nicht. Die Dame hatte das Zimmer für Anfang Januar reserviert.

Der Internetauftritt des Hauses sorgte auch bei einer anderen Dame für Verwirrung, die sich beklagte, durch die Wegbeschreibung in die Irre geführt worden zu sein. Das Hotel liegt 1,2 Kilometer vom Stadtkern entfernt, was auf der Webseite maßstabsgetreu dargestellt wird. Die Dame glaubte allerdings, die zwei Zentimeter zwischen Hotel und Altstadt auf der Wegeskizze entsprechen den tatsächlichen Entfernungen, und war empört, 1200 Meter laufen zu müssen.

Wenige Minuten nachdem eine Stewardess in einem Münchner Flughafen-Hotel eingecheckt hatte, beschwerte sie sich an der Rezeption, weil die Mikrowelle im Zimmer nicht funktionierte. Die Angestellten waren zunächst sprachlos, weil sie gar nichts von der Mikrowelle wussten. Die gab es auch nicht – die Stewardess hatte die Tiefkühlpizza in den Zimmersafe geschoben.

In einem Hotel an der Ostsee gab es Ärger, als einem Gast die Rechnung überreicht wurde. Nach sorgfältiger Prüfung aller Posten wollte dieser partout nicht einsehen, warum er Kurtaxe bezahlen sollte. Schließlich sei er ja gar nicht mit einer Kurtaxe gefahren. Der kleine sprachliche Unterschied zwischen Taxe und Taxi war ihm entgangen.

Ein Ehepaar beschwerte sich über das Frühstücksbuffet in seinem Hotel auf Madeira: Auf die Wurstplatte sei erwiesenermaßen keine frische Ware gelegt worden. „Meine Frau hat sich das Muster der fünften und neunten Scheibe gemerkt und festgestellt, dass die Scheiben am nächsten Tag immer noch da lagen", erklärte der Ehemann der Reisebüromitarbeiterin.

In ihrem Cluburlaub hat sich eine Frau in einen Animateur verliebt. Als sie im nächsten Jahr wieder in dasselbe Hotel reiste, hatte ihr Angebeteter eine neue Freundin. Ihre Schlussfolgerung: Sie hat (erfolglos) vom Veranstalter verlangt, dass der Animateur entlassen wird.

Aussichtslos entpuppte sich die Beschwerde über eine tierische Überraschung, die eine britische Familie erlebte: „Niemand hatte uns gesagt, dass im Meer Fische sein würden. Die Kinder waren geschockt."

Freizügigkeit sorgt ebenfalls gelegentlich für Probleme: „Oben-ohne-Baden sollte verboten werden", schimpfte eine erboste Ehefrau über ihren Urlaub: „Mein Mann hat den ganzen Tag damit verbracht, anderen Frauen hinterher zu gucken."

Diabetes on the road

Diabetes ist ein wunderbarer Beifahrer. Auch bei längeren Fahrten in den Urlaub. Ans Steuer sollte man ihn allerdings nur setzen, wenn er sich ordentlich messen hat lassen. Und wenn man ihn bei langen Fahrten alle zwei Stunden auf eine kurze Rast einlädt.

„Die Hauptgefahr bei der Verkehrsteilnahme von Diabetikern besteht im plötzlichen Absinken des Blutzuckerspiegels mit entsprechenden psychischen und physischen Ausfallserscheinungen." So steht's überall dort geschrieben, wo man will, dass die Leute über eine schlichte Aussage noch so richtig nachdenken müssen. Dabei ist das Thema Diabetes und Straßenverkehr kein Buch mit sieben Siegeln. Setzen wir uns einfach einmal ins Auto-Kino und schauen uns ein paar diabetische Road-Movies an:

„Vienna Crash".
Starring: Rainer Wahnsinn. Regie: Theodor Pech.

Kurzinhalt: Der Abreisetag beginnt schon einmal damit, dass Mr. Sweet (Rainer Wahnsinn) aufstehen muss. Während ihm beim Zähneputzen die Zahnbürste im Mund abbricht, schäumt in der Küche die Milch für den Kaffee über und tropft vom Kastl in seine Aktentasche. Nachdem er sich ohne jeden Zwischenfall den linken seiner neuen Lederschuhe angezogen hat, bemerkt er, dass die Katze den rechten mit ihrem Kisterl verwechselt hat. Als er ihn außer Riechweite (SIC) bringen will, stolpert er über das Tier und lässt das Sakko fallen, das er sich aus Zeitgründen schon vorm Schuhe anziehen über den Arm gehängt hat. Der Pen, der immer in der linken Brusttasche steckt, rollt auf den Parkettboden und direkt unter seinen linken Fuß, den mit dem Schuh. Obwohl er das unsympathische Knirschen unter sich sofort als berstendes Glas identifiziert, versucht er seinen Insulinvorrat doch noch zu retten und macht einen Satz nach hinten. Leider steht dort der Kleiderständer, ein massives Kunstwerk aus Gusseisen, das ihn in seiner Unnachgiebigkeit umgehend wieder nach vorn rempelt. Auf die Glasscherben tritt er mit dem rechten Fuß, dem ohne Schuh.

Das Reiseziel liegt im Süden Europas. Rainer will am frühen Abend in Rom seinen Freund Francesco in dem kleinen Restaurant La Montagnola treffen. Es ist sieben Uhr sechsundzwanzig und noch liegt die ganze Stadt zwischen ihm und der Autobahn. Er zieht den Socken aus, entfernt die gröbsten Glassplitter und stillt, um Zeit zu sparen, das Blut mit dem beigen Kashmere-Mantel seiner Frau, der günstig neben ihm vom gusseisernen Kleiderständer hängt. Dass er mit den ausnehmend hübschen Tropfen, die fett und träge aus seiner Fußsohle quellen, auch gleich seinen Blutzucker messen könnte, kommt ihm nicht in den Sinn. Stattdessen humpelt er in sein Arbeitszimmer, holt den Ersatz-Pen aus der Schreibtischschublade, nestelt an der Dosierungskuppe, jagt sich das Insulin durch die Anzughose in den Oberschenkel, sucht sich ein Paar frische Schuhe, steigt der Katze auf den Schwanz und hechtet ins Auto.

Ein paar Minuten nachdem er die Autobahn erreicht hat, wird es in seinem Hirn plötzlich leer. Er kennt den Hinweis, sein Diabetes fühlt sich wieder einmal unterzuckert. Seltsam, denkt er mit dem Bisschen, das er noch im Kopf hat, da hat wohl was mit der Dosierung nicht ... Der Rest des Satzes verschwindet in einem Nebel, der nicht vom Wetter kommt. Er greift zum Handschuhfach, wo er immer eine Ration Traubenzucker aufbewahrt. Das Fach ist abgeschlossen, der Schlüssel steckt im Zündschloss. Zum Glück taucht rechts die Ausfahrt zu einer Raststätte auf. Mit letzer Kraft lenkt er das Auto dorthin. Er überlegt, ob er mit dem Fuß hintreten soll, um das Fach zu öffnen, aber er ist keine zwanzig mehr und bringt das Bein nicht über die Mittelkonsole.

Als er im Krankenhaus aufwacht, stehen etliche Uniformen an seinem Bett. Die Frau in der Schwesterntracht erklärt ihm, dass sein Blutzucker bei seiner Einlieferung gerade einmal einunddreißig betragen hat, aber bei dem Unfall sei ihm außer ein paar Schnittwunden an der rechten Fußsohle, die sich aber keiner so recht erklären kann, so gut wie nichts passiert. Der Mann in der Kluft eines Polizisten erkundigt sich nach seinen Personalien, weil man sonst nicht weiß, wohin man die restlichen Teile seines Autos liefern soll. Und ein Typ in begräbnisfarbener Anwaltsmontur, der zufällig auch Gast des Kaffeehauses in der Raststätte war, in dem sein Wagen zum Stillstand kam, überreicht ihm eine Sammelklage. Mr. Sweet faltet sie zusammen und nimmt das Sakko, das am Fußende des Bettes hängt, um die hässlichen Papiere in die Brusttasche zu stecken. Als er die Jacke zurück legen will, kullert eine Packung Traubenzucker heraus.

Der Tag endet damit, dass endlich die Sonne untergeht.

„Runner's High".
Starring: Lola Rent. Regie: R. E. Porter.

Kurzinhalt: Sugar (Lola Rent) hat ein stressiges Leben. Drei Jobs, ebenso viele Kinder und keinen Mann, zumindest keinen, den sie so nennen würde. Trotzdem schafft sie es, Tag für Tag eineinhalb Stunden früher aufzustehen, als sie müsste – also um halb fünf –, um eine Runde zu joggen, bevor sie ihren ersten Job in der Schnellreinigung antritt. Zwischen duschen, Frühstück machen, Kinder wecken und schminken fühlt sie sich nach dem Morgensport wie Madonna: „Wenn man sein Workout in der Früh erledigt, kann einen nichts, was der Tag bringt, aus der Bahn werfen." Naja, nichts, was Madonnas Tag bringt.

Sugars Tage sind da ganz anders. Sie treibt nicht Sport, um sich für die Bühne fit zu halten, sie treibt Sport, um ihr Tagwerk über die Bühne zu bringen. Drei Kinder kosten eine Menge Geld, wenn man ihrem Vater das Privileg gönnt, sich als Künstler zu verwirklichen und ihn dabei nicht mit profanem Plunder wie Alimenten belästigt. Aber drei Jobs kosten eine Menge Zeit, und irgendwer muss derweil auf die Kinder schauen. In der Schnellreinigung bereitet sich Sugar deshalb auf die Zwei-Uhr-Konferenzen in der Redaktion eines kleinen Provinztagblattes vor, wo sie täglich die Gesundheitsecke betreut, nachmittags recherchiert sie für ihre Themen und abends sitzt sie in einer Meisterklasse für Aktzeichnen Modell. An diesem Tag muss sie auch noch das Lauf-Training nachholen, ihr jüngster Sohn hat eine unruhige Nacht gehabt.

Ein Interview mit einem Homöopathen, der mit chinesischen Kräutern experimentiert, führt sie am späten Nachmittag in einen Vorort ihrer Kleinstadt. Gewohnt, für alle Fälle gerüstet zu sein, hat sie ihr Trainingszeug stets im Kofferraum und weil der Arzt nicht sehr gesprächig war und ihr bis zum Modellsitzen noch genug Zeit bleibt, holt sie jetzt den versäumten Sport nach. Eine Stunde fünfzehn. So viel Zeit muss sein.

Verschwitzt und erschöpft wirft sie die Laufschuhe nach zwei Stunden in den Kofferraum. Zeit übrig zu haben, ist Sugars einziger Luxus und heute hat sie das Geschenk für eine größere Runde als sonst genutzt. Damit ist die Auszeit aufgebraucht, sie hat es so eilig wie immer. Macht nichts, duschen kann sie vor dem Zeichenkurs, das Gebäude, in dem er stattfindet, war früher ein Tröpferlbad.

Drei Ampeln vor dem Ziel wird es in ihrem Hirn plötzlich leer. Sie kennt den Hinweis, ihr Diabetes fühlt sich wieder einmal unterzuckert. Seltsam, denkt sie mit dem Bisschen, das sie noch im Kopf hat, so ein Theater wegen ein paar Schritten mehr als sonst. Normalerweise hat sie eine Banane, ein paar Dosen Orangensaft und Traubenzucker im Auto. Sie tastet mit der Hand die Mittelkonsole ab, aber alles, was sie dort findet, greift sich entweder wie ein Matchboxauto, eine Barbiepuppe oder ein gekauter Kaugummi an.

Zwei Ampeln vor dem Ziel beschließt Sugar, sich nicht aufzuregen. In ein paar Minuten wird sie in die neue Tiefgarage unter dem alten

Tröpferlbad einbiegen, wo neben der Garagenkassa auch ein Getränkeautomat steht. Bis dahin wird sich ihr Blutzucker schon noch zu benehmen wissen.

Eine Ampel vor dem Ziel tanzen Sugar die ersten Sternchen vor den Augen, sie beginnt zu transpirieren, die Hände flattern und sie verwechselt ein Wohnhaus mit dem Tröpferlbad. Erfreulicherweise hat auch dieses Haus eine Garage. Die Gehsteigauffahrt kommt ihr ein bisschen eng vor, aber da sie den Knopf, der das Tor öffnet, erstmals sehr leicht erreicht, findet sie nichts dabei. Und sie findet auch nichts dabei, dass sie gerade auf eine Parkuhr gedrückt hat.

Das Tor öffnet sich im letzten Moment. Sugar fährt ins erste Untergeschoß und steigt aus. Erfreulicherweise hat auch diese Garage einen Getränkeautomaten. Sie nestelt Kleingeld aus ihrer Handtasche, drückt sich einen Orangensaft heraus, reißt die Dose auf, nimmt einen Schluck und lehnt sich an die Wand. Na bitte, denkt sie, geht doch.

Der Lenker des Wagens, der genau in dem Moment, als Sugar auf die Parkuhr drückte, aus der Garage heraus fuhr, sah ihr kurz nach. Alle Achtung, dachte er, jetzt lässt der Rammelmaier seine Miezen offenbar schon auf dem Garagenplatz seiner Frau parken.

Was lernen wir aus den beiden Filmen?

Diabetiker sind Menschen wie er und sie, und genau so fahren sie auch Auto. Manchmal ein bisschen aufgeregt, manchmal völlig entspannt, manchmal ein bisschen konfus, manchmal souverän und manchmal wie jemand mit Hut. Dazu gibt es nicht mehr zu sagen als: Wer zu viel Alkohol im Blut hat, sollte den Wagen stehen lassen. Wer zu wenig Zucker im Blut hat, sollte genug Süßes im Auto haben.

Veröffentlichungen zum Thema Diabetiker und Straßenverkehr stammen aus den 1980er Jahren und berücksichtigen daher kaum neue Therapiestrategien und Patientenschulungen. Nicht nur deshalb ist es strittig, ob das Unfallrisiko bei Diabetikern im Vergleich zur nicht

zuckerkranken Bevölkerung höher ist. Die meisten Untersuchungen fanden keinen Unterschied. Eine Begründung dafür müsste auch Skeptikern einleuchten: Diabetiker vermeiden Alkoholkonsum und damit eins der größten Risiken beim Autofahren.

Ein paar Zahlen: Einer deutschen Untersuchung aus dem Jahr 2000 zufolge kam es bei etwa 40 Prozent der insulinpflichtigen Diabetiker während der Autofahrt zu hypoglykämischen Erscheinungen, 13 bis 23 Prozent der Diabetiker erlitten Verkehrsunfälle durch Unterzuckerung. Jeder 1.000. Unfall wird durch eine Hypoglykämie eines insulinbehandelten Diabetikers verursacht, 4,5 bis 38,2 Prozent der Unfälle von Diabetikern sind auf Hypoglykämien zurückzuführen. Die Hauptursachen dafür waren das Auslassen von Mahlzeiten, körperliche Anstrengung, zu hohe Dosen von Insulin oder Alkohol, Erbrechen oder Durchfall. Die Hälfte der insulinpflichtigen Diabetiker hatten im Auto nicht mit Kohlenhydratdepots vorgesorgt.

Wer gut eingestellt ist und seinen Diabetes daher im Griff hat, sollte in keiner dieser Statistiken aufscheinen.

Die Ausnahmen: Diabetiker mit einer Neigung zu schweren Stoffwechselentgleisungen und völlig fehlender Hypoglykämiewahrnehmung sind als Fahrer von Kraftfahrzeugen aller Klassen ungeeignet.

Nach Neueinstellung, nach Stoffwechselentgleisungen oder zu Beginn einer Insulintherapie haben Diabetiker noch wenig Erfahrung mit der neuen Behandlung, weshalb etwa drei Monate lang besondere Vorsicht beim Autofahren dringend notwendig ist. Sinnvolle Auflagen und/oder zeitliche Beschränkungen, regelmäßige Kontrollbesprechungen beim Diabetologen, Prüfung der Sehfunktion und adäquate Dokumentation sind hier empfehlenswert.

Bei bestimmten Diabetestypen gibt es eine medizinische Begründung für die Einschränkung des Führerscheins. Als progressiv gefährlich gelten Diabetiker, die mit Sulfonylharnstoff oder mit Insulin behandelt werden. Bei Sulfonylharnstoff-Therapie wird auf die Problematik von Unterzuckerungen (Hypoglykämien) sehr oft überhaupt vergessen. Viele dieser Diabetiker werden erst gar nicht über die Symptome und wie man Hypoglykämien vermeidet informiert, und tragen daher auch keinen Traubenzucker für den Notfall bei sich.

Insulinpflichtige Diabetiker bekommen üblicherweise nur Führerscheine der Gruppen A und B. Die kommerzielle Fahrgastbeförderung ist ihnen untersagt. Neben Faktoren wie Unterzuckerung oder eventuell unzureichender Hypoglykämiewahrnehmung werden bei diesen beiden Gruppen zudem folgende Faktoren mit beurteilt. Das Alter des Patienten, zusätzliche Risiken für einen plötzlichen Tod (Komorbidität), die Sehfähigkeit und die Ko-Medikation (z. B. Medikamente gegen Bluthochdruck). Der Führerschein wird entweder zeitlich begrenzt oder nur für gewisse Fahrzeugtypen ausgestellt.

Medizinische Kontrolle: Die betreuenden Ärzte sind so was wie Beifahrer ihrer Patienten. Ihre Aufgabe ist es – im Sinne einer adäquaten Rehabilitation – ihre Patienten für den Straßenverkehr fit zu machen. Alle mit zuckersenkenden Substanzen oder mit Insulin selbst behandelten Menschen müssen unbedingt ausführlich und kontrolliert über Unterzuckerungen geschult werden, müssen über Symptome und die Behandlung von Hypoglykämien (Unterzuckerungen) Bescheid wissen und alle einschlägigen Risikosituationen kennen.

In juristischen Publikationen wird für insulinbehandelte Diabetiker eine Kontrollfrequenz bei ihrem Diabetologen in Intervallen von höchstens sechs Wochen gefordert. Dabei muss sich jede Konsultation mit dem Thema Hypoglykämie beschäftigen. Das ist umso wichtiger, seit alle Bestrebungen der Diabetologie in Richtung Normoglykämie und Blutzuckerstabilität gerichtet sind. Die Wahrscheinlichkeit der Unterzuckerung wird dadurch allerdings nicht geringer: Sind die Glukoseverläufe stabil, werden rapide Blutzuckerabfälle mit entsprechend eindrucksvollen Stresssymptomen seltener und schleichende Hypoglykämien mit täuschenden Zuckermangelsymptomen häufiger.

Viele Diabetiker erkennen Hypoglykämien vor allem an Herzrasen (Palpitation), Heißhunger, Schweißausbrüchen, Zittern, innerer Unruhe, Übelkeit, Angst, Aggressivität oder Reizbarkeit, also an Stresssymptomen. Damit haben sie das Problem, dass diese Beschwerden bei jeder akuten Stressreaktion, aber auch bei besonders raschem Blutzuckerabfall und noch normalen Blutzuckerwerten (zum Beispiel nach Doppelkorrekturen und in Verbindung mit unkalkulierter körperlicher Aktivität) auftreten können.

Die Gefahr, die Wahrnehmung der Hypoglykämien weiter zu verschlechtern, ist dabei groß. Muss der Körper nämlich öfter mit derartigen Stressreaktionen auffahren, schießt er irgendwann nicht mehr mit vollem Karacho zurück, sondern reduziert die Stresshormonantwort. Im Auto ist es daher besonders wichtig, speziell auf die typischen Zuckermangelsymptome zu achten: Läßt die Geschicklichkeit nach? Verlangsamt sich die sensorische Wahrnehmung? Erscheint die Umgebung zu schnell und zu hektisch? Kann man sich noch ausreichend konzentrieren? Macht man Fehler? Wird man müde? Macht sich Muskelschwäche bemerkbar?

Stichwort Inulinsubstitution: Mit funktioneller Insulintherapie ist das Risiko für schwere Hypoglykämien trotz besserer Stoffwechselkontrolle deutlich geringer als unter konventioneller Insulintherapie. Die Gründe: Die Patienten wissen besser über ihren Diabetes Bescheid, kontrollieren häufiger, verwenden kurz wirksame Insuline und sind keinen Ernährungszwängen unterworfen. Die verwendeten Insuline, egal ob Lang- oder Kurzzeitinsulin, wirken sich auf die Hypoglykämie nicht unterschiedlich aus.

Auto-matisch. Selbst für routinierte Lenker ist Autofahren mit Diabetes eine neue Übung. Und neue Übungen müssen trainiert werden. Konsequent. Und ohne Ausreden. Unterzuckerungen lassen sich

BDF ●●●●
Beiersdorf
Eucerin®
Trockene Haut
REPAIR FUßCREME
10% UREA
Glättet trockene raue Füße
Mindert Druckstellen und Verhornung
Ohne Duftstoffe
MEDIZINISCHE HAUTPFLEGE
von Dermatologen empfohlen
Weil Diabetiker-Füße besondere Pflege brauchen.
Infolge des diabetischen Stoffwechsels sind die Füße oft extrem trocken, rau und verletzungsempfindlich, neigen zu Verhornungen und Druckstellen. Pflegen und schützen Sie Ihre Füße deshalb mit **Eucerin Repair Fußcreme 10% Urea.** Natürliche Wirkstoffe wie Urea und Lactat in einer atmungsaktiven Creme spenden **über 24 Stunden intensive Feuchtigkeit, ohne die Poren zu verschließen**. Die Füße sind zart, glatt und geschmeidig, so dass die Verletzungsanfälligkeit deutlich vermindert wird. Ohne Duft- und Farbstoffe.**Klinische Studien*** beweisen die exzellente Wirksamkeit und Hautverträglichkeit - speziell bei Diabetes. In Zusammenarbeit mit Diabetologen entwickelt.
Exklusiv in Ihrer Apotheke. www.Eucerin.at
Eucerin®
MEDIZINISCHE KOMPETENZ FÜR SCHÖNE HAUT
APO SORT A Aus Ihrer Apotheke
* A. Schöllermann, F. Rippke: 10% Urea Lotion- Concomitant Treatment of extremly dry Skin in the Dermatologists Office. Poster EADV 2007, Vienna, Austria.

ziemlich ausschließen, wenn man erstens vor Fahrtantritt den Blutzucker misst, besonders bei Routen, die dem gewöhnlichen Tagesablauf nicht entsprechen; wenn man zweitens auf ungewöhnlich langen Strecken alle zwei Stunden kontrolliert; und wenn man drittens die Blutzuckerzielwerte etwas anhebt. Zur Sicherheit. Das generelle Alkoholverbot muss natürlich strikt eingehalten werden.

Ist man mit seinem Diabetes gut unterwegs, sollte es mit den Behörden keine Zores geben. In der Theorie.

In der Praxis trat mit Oktober 2011 eine Gesetzesnovelle in Kraft, die es Typ 1-Diabetikern und Lenkern mit Diabetes, denen der Führerschein befristet abgenommen wurde, das Leben schwerer macht, als bisher. Die maßgebliche Bestimmung lautet in **§ 11 FSG-GV, BGBl. II Nr. 280/2011** wie folgt:

§ 11. (1) Zuckerkranken darf eine Lenkberechtigung nur nach einer befürwortenden fachärztlichen Stellungnahme erteilt oder belassen werden, aus der insbesondere auch hervorgeht, dass der Zuckerkranke die mit Hypoglykämie verbundenen Risiken versteht und seinen Zustand angemessen beherrscht.

(2) Zuckerkranken, die mit Insulin oder bestimmten Tabletten behandelt werden müssen, darf eine Lenkberechtigung der Gruppe 1 nur für einen Zeitraum von höchstens fünf Jahren unter der Auflage ärztlicher Kontrolluntersuchungen und amtsärztlicher Nachuntersuchungen erteilt oder belassen werden.

(3) Zuckerkranken, die mit Insulin oder bestimmten Tabletten behandelt werden müssen, darf eine Lenkberechtigung der Gruppe 2 nur für einen Zeitraum von höchstens drei Jahren unter der Auflage ärztlicher Kontrolluntersuchungen und amtsärztlicher Nachuntersuchungen und unter Einhaltung folgender Voraussetzungen erteilt oder belassen werden:

1. der Lenker gibt eine Erklärung ab, dass in den letzten 12 Monaten keine Hypoglykämie aufgetreten ist, die eine Hilfe durch eine andere Person erforderlich machte (schwere Hypoglykämie);
1. es besteht keine Hypoglykämie-Wahrnehmungsstörung;
1. der Lenker weist eine angemessene Überwachung der Krankheit durch regelmäßige Blutzuckertests nach, die mindestens zweimal täglich sowie zu jenen Zeiten vorgenommen werden, zu denen die Person üblicherweise Kraftfahrzeuge lenkt;
1. der Lenker zeigt, dass er die mit Hypoglykämie verbundenen Risiken versteht;
1. es liegen keine anderen Komplikationen der Zuckerkrankheit vor, die das Lenken von Fahrzeugen ausschließen.

(4) Zuckerkranken, bei denen innerhalb von 12 Monaten zwei Mal eine Hypoglykämie aufgetreten ist, die eine Hilfe durch eine andere Person erforderlich macht (wiederholte schwere Hypoglykämie) sowie Zuckerkranken, die an Hypoglykämie-Wahrnehmungsstörung leiden, darf eine Lenkberechtigung weder erteilt noch belassen werden. Dies gilt nicht, wenn durch geeignete Maßnahmen, Schulung, Therapieumstellung und Blutzuckerkontrollen die Vermeidung von Hypoglykämien erreicht wird.

Grundlage für diese Änderung bildet die neue Richtlinie 2009/113/EG der Kommission vom 25. August 2009:

http://eur-lex.europa.eu/LexUriServ/LexUriServ.do?uri=OJ:L:2009:223:0031:0035:DE:PDF

Dort lautet die maßgebliche Bestimmung wie folgt:

ZUCKERKRANKHEIT

10. In den nachfolgenden Absätzen bedeutet 'schwere Hypoglykämie' die Notwendigkeit von Hilfe durch eine andere Person und 'wiederholte Hypoglykämie' das zweimalige Auftreten einer schweren Hypoglykämie innerhalb von 12 Monaten.

Gruppe 1: 10.1 Bewerbern oder Fahrzeugführern mit Zuckerkrankheit darf eine Fahrerlaubnis erteilt werden, und ihre Fahrerlaubnis darf erneuert werden. Bei einer medikamentösen Behandlung der Betreffenden sollte ein entsprechendes Gutachten einer zuständigen ärztlichen Stelle vorliegen und regelmäßig eine fallspezifisch geeignete ärztliche Kontrolle durchgeführt werden, wobei der Abstand zwischen den Untersuchungen 5 Jahre nicht überschreiten sollte.
10.2 Bewerbern oder Fahrzeugführern mit wiederholter schwerer Hypoglykämie und/oder Hypoglykämie-Wahrnehmungsstörung darf eine Fahrerlaubnis weder erteilt noch darf ihre Fahrerlaubnis erneuert werden. Zuckerkranke Fahrzeugführer sollten zeigen, dass sie die mit Hypoglykämie verbundenen Risiken verstehen und ihren Zustand angemessen beherrschen.

Gruppe 2: 10.3 Die Erteilung bzw. Erneuerung einer Fahrerlaubnis der Gruppe 2 für zuckerkranke Fahrzeugführer kann in Betracht gezogen werden. Bei einer mit Hypoglykämierisiko behafteten medikamentösen Behandlung (d. h. mit Insulin oder bestimmten Tabletten) sollten die folgenden Kriterien gelten: * In den letzten 12 Monaten darf keine schwere Hypoglykämie aufgetreten sein;

- es besteht keine Hypoglykämie-Wahrnehmungsstörung;
- der Fahrzeugführer muss eine angemessene Überwachung der Krankheit durch regelmäßige Blutzuckertests nachweisen, die mindestens zweimal täglich sowie zu den für das Führen eines Fahrzeugs relevanten Zeiten vorgenommen werden;
- der Fahrer muss zeigen, dass er die mit Hypoglykämie verbundenen Risiken versteht;

- es dürfen keine anderen Komplikationen der Zuckerkrankheit vorliegen, die das Führen von Fahrzeugen ausschließen.

Außerdem sollte die Fahrerlaubnis in diesen Fällen nur mit Zustimmung einer zuständigen ärztlichen Stelle und unter der Voraussetzung einer regelmäßigen ärztlichen Kontrolle erteilt werden, wobei der Abstand zwischen den Untersuchungen 3 Jahre nicht überschreiten darf.

10.4 Eine schwere Hypoglykämie im Wachzustand sollte, auch wenn dabei kein Fahrzeug geführt wurde, berichtet werden und Anlass zu einer erneuten Prüfung der Eignung zum Führen von Fahrzeugen sein."

Die österreichische 5. FSG-GV-Novelle ist somit nur eine Umsetzung der EU-Richtlinie.

Bisher erteilte Lenkberechtigungen sind davon nicht betroffen, es sei denn, der/die Besitzerin wird verhaltensauffällig und beim Amtsarzt der Verkehrsbehörde vorstellig, dann kann eine unbefristete wieder in eine befristete umgewandelt werden…

Fazit: Als Diabetiker einen unbefristeten Führerschein zu behalten, ist durchaus möglich. Einen unbefristeten Schein als junger Diabetiker oder als jemand, der seinen Schein – aus welchen Gründen immer – kurzfristig abgeben musste, zu erhalten, ist nach dieser Gesetzesnovelle praktisch unmöglich. Einziger Lichtblick am Horizont: Eines Tages gibt es bestimmt wieder eine Gesetzesnovelle, ob die aber dann verbesserte Bedingungen für Menschen mit Diabetes und ihren Führerschein bringt, steht auf einem anderen Blatt.

Dem Vernehmen nach soll es jedoch auch an Diabetes erkrankte Menschen geben, die ihre Erkrankung beim Antrag für den Führerschein einfach nicht angeben. Das ist natürlich gesetzwidrig und kann daher keinesfalls empfohlen werden.

Regierungs-Service für Reisende

Pass verloren, Medikamente weg: App des Ministeriums hilft

Ohne App geht gar nichts mehr – auch nicht auf Reisen. Getreu diesem Motto hat ÖVP-Vizekanzler und Außenminister Michael Spindelegger im August 2011 am Flughafen Wien die neue Applikation „Auslandsservice" für Mobiltelefone präsentiert. Sie kann gratis heruntergeladen werden und bietet Reiseinformationen über 197 Länder sowie Tipps für Notfälle samt Kontaktdaten zu Botschaften und Konsulaten.

Die App hilft unter anderem mit Informationen darüber aus, wo ein Visum benötigt wird und welche Impfungen und Währungen man dort braucht. Roaminggebühren werden nur fällig, wenn via GPS Karten und Wegbeschreibungen zu Ämtern abgerufen werden. Aktuelle Informationen über die Sicherheitslage in einzelnen Ländern gehören ebenso zum Angebot wie die Situation bei Katastrophen und politischen Unruhen. Auch Tipps für Unfälle und Krankheiten sind abrufbar. Man kann sich zu fast allen Problemen im Urlaub einen elektronischen Rat abholen – nur das Handy sollte man nicht verlieren.

Da war sogar Airline-Chef Niki Lauda beeindruckt. Er lobte die App als „moderne tolle Erfindung" und setzte schwer beeindruckt für ein paar Minuten ein neues Kapperl samt Aufdruck „auslandsservice.at" auf. „Ich war wirklich überrascht, was es für Informationen gibt", so Lauda, der die App noch vor der Präsentation zum Testen auf sein iPad geladen hatte. Es sei für jeden Fluggast ratsam, sich die Anwendung zu besorgen. Lauda selbst habe zwar noch nie seinen Pass verloren, aber für solche Fälle könne man nun via App Rat einholen und gleich die richtigen Behörden kontaktieren.

„Jedem kann etwas passieren", mahnte auch Vizekanzler Spindelegger. Bei etwa zehn Millionen Auslandsreisen jährlich würden rund 300.000 Österreicher wegen eines Notfalls das Außenministerium kontaktieren. Die App sei „für jeden Reisenden sehr hilfreich" und eine gute Neuerung: „Ich glaube, man muss einfach mit der Zeit gehen", betonte Spindelegger. „Es gibt bereits viele Österreicher, die ein Smartphone benutzen."

AUA-Vorstand Andreas Bierwirth ist von der besseren und schnelleren Hilfe im Notfall überzeugt. Eine „Super-Sache" sei die App vor allem für die vielen Austrian-Airlines- Kunden, die in den Nahen und Mittleren Osten reisen, betonte Bierwirth. Der Vorstand des Flughafens Wien, Ernest Gabmann, war schlichtweg „fasziniert und begeistert" von der neuen Anwendung.

Der Link zum Gratis-Download im Internet
http://www.auslandsservice.at/

Pulver verloren, Insulin weg – wie heißt mein Medikament im Ausland?

Die Geschichte passierte vor rund zwei Jahrzehnten dem japanischen Autohersteller Mitsubishi. Bei der Namensgebung seines Modells Pajero hatten die Patenonkel (Werbeagentur und eigene Manager) übersehen, dass „Pajero" ein spanisches Slangwort für einen der Eigenliebe frönenden Mann – umgangssprachlich auf Deutsch etwa: Wichser – bedeutet. Ganz klar, dass die Markteinführung des sportlichen Fahrzeugs in spanisch sprechenden Ländern veritabel floppte und man sich einen neuen Namen für das Vehikel ausdenken musste.

Seither prüfen weltweit tätige Konzerne bis ins kleinste Detail sehr genau, unter welchem Markennamen sie ein Produkt in welchem Teil der Welt auf den Markt bringen wollen. Das gilt natürlich auch für Pharmakonzerne. Zwar bemühen sich die Manager und geben für einen Namen, der weltweit zum Einsatz kommen kann, bei hochbezahlten und spezialisierten Agenturen viel Geld aus. Ein äußerst erfolgreiches Beispiel dafür ist etwa Viagra, das weltweit gleich heißt und durch den unvergleichlichen Hype seit der Markteinführung zu einer der wertvollsten Pharmamarken wurde. Doch bei nicht allen Medikamenten ist das so und deshalb könnte es sein, dass gerade ein spezielles Medikament – egal ob Pillen oder anderes – in einem bestimmten Urlaubsland einen anderen Handelsnamen als zu Hause hat.

Für genau dieses Problem gibt es zwei neue Webseiten, die Interessierten weiterhelfen können.

EudraPharm – http://eudrapharm.eu/ – ist eine Website der Europäischen Arzneimittel-Agentur (European Medicines Agency). Ziel von EudraPharm ist, dass Patienten bei Bedarf jederzeit vergleichbare Arzneimittel im Ausland in allen EU-Sprachen über die Datenbank abfragen können. Österreich wird ab 2013 seine Daten ebenfalls dieser Datenbank zur Verfügung stellen.

Die Österreichische Agentur für Gesundheit und Ernährungssicherheit **AGES** bietet ein alternatives Service an. Informationen, insbesondere Fach- und Gebrauchsinformationen zu allen in Österreich zugelassenen Arzneimitteln sind bereits seit 2006 im Arzneimittelregister der AGES PharmMed abrufbar – http://pharmaweb.ages.at/index.jsf. Der Vorteil im Ausland liegt auf der Hand. Wer den Namen des Wirkstoffs, der in einem Medikament enthalten ist, kennt, kann ein vergleichbares Medikament auch im Ausland relativ leicht aufstöbern.

Welcher Sport verbrennt wie viele Kalorien?

Der Urlaub bringt bei fast allen Reisenden mehr Bewegung mit sich. Ob man aktiv Sportarten betreibt oder nur Sehenswürdigkeiten zu Fuß besichtigt, bleibt dabei egal. Wichtig sind für Menschen, die an Diabetes erkrankt sind, zwei Regeln: Erstens – ja, im Urlaub sportlich zu sein, ist mehr als wünschenswert. Und zweitens – das verlangt genauere Kontrolle des Blutzuckers, damit es nicht zu unerwünschten Abstürzen und den damit verbundenen Folgen kommt.

Der deutsche Diabetiker Thomas Fuchsberger, Sohn des legendären Schauspielers Joachim „Blacky" Fuchsberger, kam im Oktober 2010 auf tragische Art ums Leben. Er wurde eines Abends im Kulmbacher Mühlbach gefunden.

Bekannte hatten den 53-jährigen Musikproduzenten am Donnerstag bei der Polizei als vermisst gemeldet. Fuchsberger war seit Mittwoch Gast in einem Kulmbacher Hotel. In den frühen Morgenstunden des Donnerstags habe sich seine Spur verloren. Knapp 100 Einsatzkräfte suchten nach dem Münchner. Auch Rettungshunde und ein Polizeihubschrauber waren im Einsatz. Kurz nach 22.00 Uhr fanden die Suchkräfte Fuchsberger dann leblos im Innenstadtbereich im Mühlbach. Die Untersuchungen der Behörden ergaben, dass der Musikproduzent bei einem nächtlichen Spaziergang eine Unterzuckerung (Hypoglykämie/"Hypo") erlitten hatte. Dabei war er so unglücklich gestürzt, dass er mit dem Kopf im Wasser des Baches zu liegen kam und sich wegen seines Zustandes nicht mehr aufrichten konnte. Das Wasser, das in seine Lungen eindrang, beendete vorzeitig das Leben des Fuchsberger-Sohnes, der auch als Autor einiger Bücher über Diabetes bekannt wurde.

Damit (hoffentlich sportlich aktiven) Urlaubern mit Diabetes kein ähnliches Schicksal widerfährt, ist im Wesentlichen nur eine Maßnahme erforderlich: eine häufigere Kontrolle des Blutzuckers. Vorzugsweise vor der körperlichen Anstrengung sollten Diabetiker ihren Blutzucker messen.

Warum sollte man einer sportlichen Betätigung nachgehen?

Durch die richtige sportliche Betätigung können Sie:

- den Kalorienverbrauch erhöhen
- den Stoffwechsel in Schwung bringen
- den individuellen Setpoint senken
- den Anteil der Muskelmasse erhöhen und die Fettverbrennung steigern

Erhöhung des Kalorienverbrauchs

Durch jede Form von Bewegung und sportlicher Aktivität verbrennt der Körper zusätzliche Kalorien. Besonders viel Energie verbrauchen aerobe Sportarten wie Laufen, Radfahren und Schwimmen. Wir sollten jedoch vermeiden, diesen zusätzlichen Kalorienverbrauch zu überschätzen und zu meinen, entsprechend mehr essen zu dürfen, zumal wir nach sportlicher Betätigung häufig besonders hungrig sind. Hierzu einige Beispiele:

Der Kalorienverbrauch bei Sport

Gut zur Fettverbrennung ist ein Puls von knapp 160 minus Lebensalter. Diese Pulsfrequenz erreicht man auch sehr gut bei strammen Spaziergängen oder lockerem Joggen. Sie sollten dabei eine leichte Anstrengung verspüren, aber noch in der Lage sein, sich zu unterhalten. Halten Sie Ihren Puls mindestens 30 Minuten auf diesem Level. Wenn Sie unsicher sind, wie Ihr idealer Trainingspuls aussehen sollte, wenn Sie sehr dick sind und wenn Sie schon lange keinen Sport mehr betrieben haben, **sprechen Sie vorher mit Ihrem Arzt,** damit er Sie in dieser Hinsicht berät.

Verbrauch in kcal*** für 30min Sport bei einem Körpergewicht von**

	60 kg	70 kg	80 kg	90 kg	100 kg
Aerobic	190	222	254	286	318
Bergwandern mit Gepäck	180	210	240	270	450
Fitnesstraining	332	386	442	496	552
Fußball	238	278	316	356	396
Golf	154	180	206	232	258
Gymnastik	162	190	216	244	270
Inline-Skating	216	252	288	324	360
leichtes Joggen / 10,75*	244	286	326	368	408
schnelles Joggen / 13,4*	520	606	700	780	868
langsames Radfahren (bis 15 km/h) / 3,35*	180	210	240	270	300
schnelles Radfahren (bis 25 km/h) / 7,65*	306	358	408	460	510
langsames Schwimmen / 4,3*	230	268	308	346	384
zügig Schwimmen / 12,2*	280	328	374	422	468
Skilanglauf langsam / 11,95*	244	286	326	368	408
Skilanglauf schnell / 16,73*	280	328	374	422	468
Squash	364	424	484	546	606
Tennis	198	232	264	298	330
zügig Walken / 5,5*	198	232	264	298	330

* Verbrauch in kcal pro Kilogramm Körpergewicht bei einer Stunde Sport.

Hier noch ein paar Tätigkeits- und Lebensmittel-Beispiele

Tätigkeit	**Dauer**	**Kalorien-verbrauch**	**Lebensmittel-Beispiel**
Joggen	10 Minuten	100 kcal	20 g Schokolade
Radfahren	15 Minuten	100 kcal	1 Esslöffel Butter
Schwimmen	15 Minuten	100 kcal	1/2 Scheibe Käse (ca. 30 g, 45 % F.i.T.)
Tennisspielen	20 Minuten	100 kcal	2 Esslöffel Schlagobers
Wandern	30 Minuten	100 kcal	1 Semmel ohne Belag
Bügeln	1 Stunde	100 kcal	2 Esslöffel Nuss-Nougat-Creme

BAYER
Kostenlose Infohotline 0800 / 220 110
www.bayerdiabetes.at
"ZUVERLÄSSIG UND EINFACH.
MIT MEINEM CONTOUR™ TS KANN ICH
MICH AUF DIE WICHTIGEN DINGE
IM LEBEN KONZENTRIEREN."
• No Coding™ Technologie
NO CODING
• 8 Sekunden Messzeit
• nur 0,6 µl Probenvolumen
• großes LCD Display
• große Navigationstasten
• Speicher für 250 Messergebnisse
• Datenauswertung am PC mit Bayer GLUCOFACTS™ Software
Contour TS
93 mg/dL
30.10 12:08PM
BAYER
Contour™ TS
BLUTZUCKERMESSSYSTEM
einfachgewinnt™
Bayer, das Bayer Kreuz, CONTOUR, das No Coding Logo und einfachgewinnt sind eingetragene Marken von Bayer. (C) 2010 Bayer HealthCare. Alle Rechte vorbehalten.

VAN DER GAAG

AMSTERDAM

Von A bis Z

Amsterdam – ist die Hauptstadt der Niederlande und hat 758.198 Einwohner (Stand Nov. 2009), als Agglomeration Groot-Amsterdam etwa 1,5 Millionen. Sitz der Regierung ist jedoch das 50 km entfernte Den Haag.

Bloemenmarkt – An der Singelgracht liegt der farbenprächtigste Markt der Stadt. Eine unüberschaubare Menge von Pflanzen ist hier ausgewachsen oder in Samenform zu haben. Jede der Blumenhandlungen ist ein fix verankertes Boot.

Coffeeshops – 46 der rund 400 legendären Kifferlokale müssen 2011 schließen. Der Grund: sie sind zu nahe bei Schulen. Kurios ist das neue Tabakgesetz: selbst in Coffeeshops ist der Konsum von Zigaretten neuerdings verboten. Cannabisprodukte in Coffeeshops sind von diesem Verbot natürlich ausgenommen – zum Mischen wird nikotinfreier Tabakersatz angeboten.

Dam – Der Name leitet sich von einem im 13. Jahrhundert errichteten Damm mit Schleuse im Fluss Amstel ab. Die Abdeichung von Flussmündungen wurde nötig, um die durch Sturmfluten gefährdete Küstenlinie zu verkürzen. Zu solchen Deichen gehörten Schleusen, um das Flusswasser hindurch zu lassen und die Schifffahrt nicht zu behindern.

Essen – riesige Pommes Frittes-Tüten gehören zum Stadtbild Amsterdams und werden auch gerne zu allen möglichen Speisen serviert. Zu solchen gehören hierzulande auch guter Fisch und herrliche Steaks.

Fiets – ist der holländische Name für die allgegenwärtigen Fahrräder, Fietsspaden sind daher Radwege. Radler sind hier absolut in der Überzahl. Auch Besucher können Räder ausleihen, sollten aber geübt sein.

Gracht – ist der niederländische Begriff für Kanal oder Graben bzw. Wassergraben. Im engeren Sinn werden als Grachten die 165 schmalen Wasserwege bezeichnet, die die gesamte Innenstadt Amsterdams in mehreren Ringen durchziehen und von mehr als 1.300 Brücken überspannt werden.

Het Rembrandthuis – Das Rembrandthaus in der Jodenbreestraat 4–6 ist ein ehemaliges Wohnhaus des Malers und durchaus sehenswert. Die berühmten Gemälde des Meisters findet man allerdings im Rijksmuseum.

Joods Historisch Museum – (Museum zur Geschichte des Judentums), in der ehemaligen Großen Synagoge nahe Waterlooplein/ Weesperstraat. Als tolerante Stadt beherbergte Amsterdam bis zum 2. Weltkrieg viele Juden. Auch ein Besuch des Anne-Frank-Hauses lohnt sich.

Klappe – ist ein umgangssprachlicher, in der schwulen Szene gebräuchlicher Begriff für eine öffentliche Toilette, die von Männern, die Sex mit Männern haben wollen, aufgesucht wird. Klappen gehören in der homosexuellen Szene zu einer Reihe von verschiedenen gebräuchlichen Orten für schnellen und mehr oder weniger anonymen Sex.

Museen – neben den berühmten Museen wie dem Rijksmuseum, dem Van Gogh-Museum und anderen sollte man auch kleineren, nicht so bedeutenden Häusern einen Besuch abstatten. So gibt es ein Hanf- und ein Sex-Museum, aber auch Madame Tussauds Wachsfigurenkabinett ist einen Blick wert.

Nieuwe Kerk – Der Bau der Nieuwe Kerk begann Anfang des 15. Jahrhunderts auf einem zuvor als Baumgarten genutzten Gelände im Westen der wachsenden Stadt Amsterdam. Hauptpatronin der Kirche war die Heilige Maria. Mit dem Bau des nördlichen Querhauses 1530–1540 wurde die Kirche vollendet.

Oude Kerk – Alte Kirche (ca. 1400/letzte Umgestaltung 1565), Oud. Voorburgwal, ist das älteste erhaltene Bauwerk Amsterdams und der vermutlich einzige Dom der Welt, auf dessen Domplatz ganz überwiegend Bordelle aneinander gereiht sind.

Paleis op de Dam – ist der Königliche Palast, der sich in der Amsterdamer Innenstadt am Rande des Platzes de Dam befindet. Er wurde von 1648 bis 1665 – als sich Amsterdam im Goldenen Zeitalter auf dem Höhepunkt seiner Macht befand – im niederländisch-klassizistischen Stil als Stadhuis („Rathaus") errichtet.

Rijksmuseum – zu deutsch Reichsmuseum, ist ein niederländisches Nationalmuseum am Museumsplein im Stadtteil Oud-Zuid. Das Museum ist den Künsten (z. B. Rembrandt), dem Handwerk und der Geschichte gewidmet.

Schienenverkehr – neben einem gut funktionierenden Straßenbahnnetz und vier U-Bahnlinien, die hier Metro heißen, finden sich in der Stadt insgesamt zehn Bahnhöfe, die Verbindungen mit dem ganzen Land ermöglichen. Auch vom Flughafen Schiphol sollte man mit der Bahn in die Stadt fahren.

Tattoo-Museum – das kleine Haus am Oudezijds Achterburgwal 130 beherbergt eine große Sammlung zum Thema. Ob japanische, afrikanische oder chinesische Tätowierungen, hier wird jeder Fan fündig.

Vondelpark – der größte Park der Stadt ist auch der bekannteste. Der Park umfasst rund 47 Hektar und liegt im Stadtteil Amsterdam Oud-Zuid, an der Grenze zum Stadtteil Oud-West. Er erstreckt sich von der Stadhouderskade bis zum Amstelveenseweg. Er ist nach dem niederländischen Dramatiker Joost van den Vondel benannt, dessen Denkmal im Park steht.

Walletjes – (auch: de Wallen) ist besonders dafür bekannt, eines der ersten Gebiete in der Welt zu sein, wo Prostituierte legal arbeiten können und organisiert sind. Er befindet sich östlich von Damrak.

XXX – Die Stadtwappen von Amsterdam bestehen aus drei vertikal angeordneten Andreaskreuzen. Sie sollen die drei Plagen Flut, Feuer und Pest, die Amsterdam bedrohten, symbolisieren und dienten der Identifikation von Furten an alten Handelsrouten.

Y Hotel – Dieses Hotel empfängt Sie in einem ehemaligen Handelshaus aus dem 17. Jahrhundert im Herzen Amsterdams und überzeugt durch moderne und komfortable Zimmer. Inmitten des Zentrums genießen Sie einen wunderbaren Blick auf den Y-Kanal, der auch der Namensgeber für das Haus war.

Zeedijk – Historisches Areal im Herzen der Stadt. Hier lohnt ein Spaziergang mit Blick auf traditionelle Häuser, aber auch auf Hotels und sogar einen buddhistischen Tempel. Früher war die Gegend ein beliebter Treff für Heroinabhängige, aber heute kann sich hier jeder sicher fühlen.

WICHTIG FÜR MENSCHEN MIT DIABETES

Notrufnummer: 112
Landesweite Notrufnummer und sofortige Hilfe:
+31 (0)343 57 88 44

Holländische Apotheken sind gut sortiert und können mit fast jedem benötigten Medikament aufwarten. Im Ernstfall akzeptieren hiesige Krankenhäuser auch die österreichische E-Card. Nur bei Mess-Streifen muss man aufpassen. Sie können, obwohl von der gleichen Firma, nicht kompatibel sein.

Diabetes Informatie Centrum Amsterdam (DICA):
WG-Plein 5 (paviloen 19), 1054 RA Amsterdam,
T. +31 (0)20 683 33 97, Mo–Fr 10–15 h
Mit Bus 171 und 172 und Straßenbahn 1, 3, 6 und 11 zu erreichen; Ecke Overtoom/1e Constantijn Huygenstraat) aussteigen.

Diabetesvereinigung Nederland:
Amsterdam-Haarlem, +31 (0)20 683 33 97

AUSTRALIEN

Kopfüber in Downunder

Von Europa aus betrachtet hängen Reisende, die das Land der Känguruhs und Koalas besuchen, kopfüber vom fünften Kontinent. Doch davon ist in Australien nichts zu merken. Bemerkenswert sind hingegen Städte und Natur – auch wenn ein Aufenthalt von zwei Wochen keineswegs genügt.

Doch zugegeben: der rund 22 Stunden lange Flug mit der Lauda Air nach Sydney gehört nicht unbedingt zu den liebsten Dingen, die man sich vorstellen kann. Doch jede andere Reiseart dorthin dauert noch länger. Dafür gibt es auf diesem Kontinent sehr viel Außergewöhnliches zu sehen. Zum Beispiel in **Sydney**.

Ein gewaltiges Denkmal aus den Zeiten der Stahlbauer ist die riesige Harbour Bridge, die den Hafen von Sydney überspannt. Auf ihr fahren Autos vierspurig, eine Eisenbahn rattert drüber und fast Tag und Nacht wandern Fußgänger darüber. Allerdings nicht über den geraden Teil, der ein Festland mit dem anderen verbindet, sondern über die massiven Eisentraversen, die das Gerüst der Brücke darstellen. Bereits als der Übergang geplant wurde, hat man bedacht, dass er bisweilen auch eines Service und etwaiger Reparaturen bedarf und hat daher ordentlich begehbare Stege eingebaut. Insgesamt drei Stunden dauert der absolut sichere Ausflug in lichte Höhen, doch ein Drittel wird dem Anlegen von Schutzkleidung inklusive Sicherungsseil, der Erklärung von Sicherheitsmaßnahmen und der Übung im Besteigen steiler Treppen gewidmet. Die Organisatoren haben wirklich an alles gedacht: Ist jemand ein Diabetiker, so übernimmt der Tourguide dessen Traubenzucker und lässt ihn ganz knapp hinter sich gehen, damit er sofort zur Stelle ist, wenn der Tourist in luftigen Höhen einen Hypo haben sollte. Ist das Schlimmste, der Aufstieg, überstanden, so wird man mit einem atemberaubenden Panoramablick über den Hafen von Sydney mit der spektakulären Oper belohnt.

Der Royal National Park

Nur 32 Kilometer vom Stadtzentrum Sydney entfernt liegt der Königliche Nationalpark, der zu den ältesten der Welt gehört. Bereits 1879 gegründet, umfasst er für australische Verhältnisse geringe 132 Quadratkilometer und bietet so ziemlich alles an, was auch den Rest des fünften Kontinents auszeichnet. Urwaldlandschaften, Sandstrände, Eukalyptuswälder und Sümpfe. Er kann mit dem Auto, dem Rad oder auch zu Fuß erforscht werden, bietet für Camper und Rucksacktouristen Übernachtungsmöglichkeiten an und ist auch von Sydney leicht erreichbar. Vier Bahnstationen sind in unmittelbarer Nähe (Engadine, Waterfall, Heathcote und Loftus) und vom Princes-Highway gibt es eine gut beschilderte Abfahrt. Tierfreunde kommen in diesem Park voll auf ihre Kosten. Nicht weniger als 43 Arten Säugetiere sind hier zu Hause und nicht weniger als 241 Sorten Vogelarten wurden hier beobachtet. Hier leben auch über 70 Arten Reptilien und Amphibien. Wer freilich zu Fuß unterwegs ist, sollte unbedingt festes Schuhwerk tragen und gut darauf achten, wohin er tritt. Mindestens drei Schlangenarten sind hochgiftig.

In Westaustralien, in den Städten Perth und Freemantle, gibt es Sehenswürdigkeiten wie das AQWA, das Meereshaus, das Gefängnis und den Flohmarkt von Freemantle. Letzterer war in den späten 1960er Jahren als Hippiehauptstadt weltbekannt, heute erstreckt sich das Flair von Love & Peace hauptsächlich auf den Flohmarkt, der in zwei Markthallen untergebracht ist. Dort finden sich immer noch langhaarige Gitarristen, die ihre Philosophie gegen einen kleinen Obolus in die Welt hinaussingen.

Vom Gefängnis zum Haus des Meeres

Ein Erlebnis der besonderen Art ist das Gefängnis von Freemantle, das bis 1991 belegt war und ein dramatisches Zeugnis von inhumanem Strafvollzug ablegt. Bei der 90minütigen Nacht-Tour, die man buchen kann, erfährt man Interessantes über die australische Rechtsprechung. Erbaut wurde der riesige Kasten von englischen Kleinkriminellen, die beispielsweise für den Diebstahl von einem Paar Stiefel mit lebenslangem Zuchthaus bestraft wurden. In den Zellen gab es bis zur Schließung kein Fließwasser und keine Belüftung. Bei australischen Sommern mit bis zu 50 Grad Celsius fühlte man sich in diesen behaglichen Gemäuern wie in einem Backofen.

Denkt man an das Wiener Haus des Meeres, fällt einem rasch der Flak-Turm ein, der in Auftrag gegeben wurde, um Angriffe auf die Stadt Wien zu verhindern. Ganz anders stellt sich das AQWA am Strand von Perth dar. Hier sieht man wundersame Tiere, die den Ozean bevölkern nicht nur in natürlicher Umgebung, sondern auch in einem faszinierenden Spaziergang über einen künstlichen Meeresboden. In einem Glastunnel unterquert man ein mit einer Million Liter Meerwasser gefülltes Becken, in dem sich Riesenschildkröten, Mantas und gewaltige Haie tummeln. Bei richtiger Wetterlage kann man auch mit dem Boot aufs Meer fahren, um die vorbeiziehenden Walherden zu beobachten. Auch Schnorcheltouren im offenen Meer können hier gebucht werden. Auf ihnen kann man mit Haien, Rochen oder gar Delfinen auf Tauchfühlung gehen. Doch wie eingangs schon erwähnt – in nur zwei Wochen ganz Australien mit all seinen Sehenswürdigkeiten zu erkunden, ist leider ein Ding der Unmöglichkeit…

Wem Pillen oder Insulin ausgehen, der muss zunächst einen Arzt aufsuchen, der ihm ein Rezept verschreibt. Das geht ohne Probleme, kostet aber Geld (ca. 30 bis 50 AUD). Mit diesem Rezept bekommt man dann in jeder beliebigen Pharmacy das gewünschte Präparat. Pennadeln, Spritzen oder Stechhilfen sind jederzeit ohne Rezept (aber gegen Bargeld) erhältlich. In jedem Fall empfiehlt es sich, für die extrem heißen Temperaturen (bis 50 Grad Celsius) gerüstet zu sein. Zwar gibt es Autos mit Klimaanlagen (übrigens wird in Australien rechts gesteuert und links gefahren), aber für Ausflüge an den Strand oder zu einem der anderen lohnenden Ziele ist das FRIO-Kühlsystem (es funktioniert nur mit Wasser und OHNE Strom) zu empfehlen.

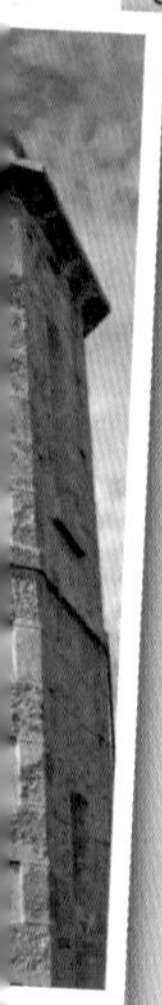

Notrufnummern: Polizei, Rettung, Feuerwehr: 000

Apotheken (deutschsprachig):

Haberfield Pharmarcy, 66 Dalhousie St, Haberfield, NSW, 2045, Sydney, Tel: +61 2 97988499
Mihopharm Pty Ltd, Richmond VIC3121, Melbourne, Tel: +61 3 942 94 922

Krankenhäuser:
Sydney Adventists Hospital, 185 Fox Valley Road, Wahroonga. Sydney, 2076, New South Wales, Tel: +61 2 948 79 111

Mount Private Hospital, 150 Mounts Bay Road, Perth, WA 6000, Western Australia, +61 8 948 11 822

Fremantle Hospital and Health Service, Alma Street, Fremantle WA 6969, +61 8 9431 3333

Österreichische Botschaft:
12 Talbot Street, Forrest, ACT 2603
Postanschrift: P.O.B. 3375, Manuka, ACT 2603, Canberra,
Telefon: +61 2 6295 1533, +61 2 6295 1376

CUBA

Freundliche Perle der Karibik

Eines gleich vorweg – Diabetiker sollten gut ausgerüstet auf diese Reise gehen. Cuba ist diabetisches Entwicklungsland. Schon die An- und Abreise setzt eine Basis-Fitness voraus. Die mehr als zehn Stunden dauernde Flugreise ist nicht jedermanns Sache. Aber: die Sonne und die verlockende Winterpause sind an sich schon ein faszinierendes Lockmittel. Denn die Perle der Karibik ist in vielen Bereichen gegensätzlich, hier ein paar Beispiele in loser Reihenfolge:

Cuba entdeckt gerade den Tourismus als lohnende Einnahmequelle, hat für Gäste einen konvertiblen Peso als Kunstwährung erfunden und scheffelt damit bereits Millionen. Andererseits gibt es im ganzen Land unglaubliche Armut. Obwohl niemand hungern muss, liegt der Durchschnittsverdienst des Kubaners bei mageren zwölf Euro im Monat.

Lange Autobahnen mit drei Spuren pro Richtung durchziehen über weite Strecken das Land, aber man sieht mehr Radfahrer, Ochsenkarren, Pferdekutschen und Fußgänger als Autos auf ihnen.

In Varadero, der etwa 140 Kilometer langen Touristenzone am Nordrand Cubas, sind trotz 46jährigem Handelsembargo durch die USA „wertvolle" Nahrungsmittel wie Coca Cola und Pringels zu haben. Im südlichen Pinar del Rio, einem Zentrum des Tabakanbaus, schnorren die Einwohner in teilweise dramatisch verfallenen Städten um Seifen, Kugelschreiber oder T-Shirts.

In La Habanna (Havana), an der Hafenpromenade Malecon, stehen verfallene, vom Einsturz bedrohte Häuser, die dennoch bewohnt sind. Gleich daneben: aufwändig renovierte Prachtbauten, die mit Geldern der Unesco liebevoll hergerichtet wurden.

Eins ist allerdings unbestritten: Die Menschen in Cuba gehören zu den Freundlichsten der Welt. Mag sein, dass das am freundlichen

Klima liegt oder auch daran, dass die Cubaner trotz dem Unbill der im Ansatz stecken gebliebenen Revolution nie das Lachen und Feiern verlernt haben. Egal wohin man kommt, sie sind freundlich, hilfsbereit, teilen sich gerne mit und versuchen natürlich – aber auch das nicht zu aufdringlich – ihren Vorteil von den reichen westlichen Touristen zu haben.

Unbedingt empfehlenswert ist es, im Land herumzufahren, entweder mit einer geführten Tour im Bus oder – für Individualisten – im Mietauto, das durchaus westlichen Standards entspricht. Nebenbei: wer nur in Varadero in einem All-inclusive-Hotel herumlümmelt, versäumt nicht nur eine grandiose Landschaft mit fantastischen Menschen, sondern läuft auch Gefahr mit etlichen Kilos mehr nach Hause zu fahren.

La Habanna, die faszinierende Hauptstadt, war jahrzehntelang Heimat von Gangstern, Hollywoodstars und natürlich von Ernest „Papa" Hemingway. Sehenswertes, wohin das Auge schaut: das Capitolio, das Hotel Nacional, die Strandpromenade Malocon, die außerhalb der Stadt auf einem Hügel thronende Kommandatur Che Guevaras und natürlich unglaublich tolle Autos einer vergangenen Ära. Neben Buicks, Chevys und anderen Kolossen der 40er und 50er-Jahre gibt es knatternde Moped-Taxis, die einen auf Wunsch zu allen Sehenswürdigkeiten der Stadt bringen.

Pinar del Rio ist ein Ort, in dem fast kein Gebäude ohne Säulen zu finden ist (besonders hervorzuheben ist das Teatro Milanés). Ein Besuch der Zigarrenfabrik Francisco Donatier lohnt sich auf alle Fälle.

Valle de Vinales ist ein fruchtbares Tal mit roter Erde und weitläufigen Tabakfeldern. Hier lädt ein exotisches „Dschungelhotel" zur Übernachtung ein.

Im **Nationalpark Zapata** – einem Paradies für Vogelliebhaber, das auch eine Krokodilfarm beherbergt – befindet sich die legendäre Schweinebucht. In der Playa Giro versuchten 1959 Exil-Cubaner zu landen und Castros Regierung mit Hilfe der CIA zu stürzen. Wie es ausging, ist bekannt und natürlich befindet sich neben dem Hotel, das an ein Gewerkschaftsheim der 50er-Jahre erinnert, ein Museum, in dem sich Versatzstücke der gescheiterten Invasion befinden.

Cienfuego liegt etwa in der Mitte von Kuba. Man kann dort neben einem 900sitzigen Theater (es heißt nach seinem Erbauer Thomás Terry), in dem einst Enrico Caruso sang, mit einem besonders großzügigen Platz zu Ehren des Freiheitskämpfers José Marti aus dem 19. Jahrhundert aufwarten.

Von Cienfuego aus fährt man am besten nach **Santa Clara,** Che Guevaras Hauptstadt. Hier hat er 1958 die entscheidende Schlacht zum Triumph der Revolution gewonnen. Hier brachte er den gepanzerten Zug des Battista-Regimes zum entgleisen, Waffen und Munition fielen in die Hände der Rebellen, viele Soldaten liefen über. In der Silvesternacht 1958/59 setzte sich der geschlagene Diktator Fulgenico Battista unter Mitnahme der Staatskasse nach Costa Rica ab. Hier kann man noch den Tren Blindado (den entgleisten gepanzerten Zug) besichtigen. Und natürlich gibt es gibt es in der Stadt Santa Clara einen riesigen Platz mit einem Monument von „Che". Im angegliederten Mausoleum sind seine Gebeine und zahlreiche Gebrauchsgegenstände des Revoluzzers untergebracht.

Weiter geht es Richtung Norden und zwar nach Varadero, wo man unbedingt zwei Häuser besuchen sollte: das Ferienhaus des Gangsters Al Capone (jetzt das Restaurant Casa di Al) und das Golfhotel Xanadu, das nur sechs Gästezimmer hat und vom exzentrischen US-Millionär Dupont als Privatvilla unter anderem unter Verwendung von Ziegenmilch zum Betonmischen erbaut wurde.

Fazit: Cuba ist eine ebenso freundliche wie faszinierende Perle der Karibik, die man gerne öfter besuchen möchte.

WICHTIG FÜR MENSCHEN MIT DIABETES

Nehmen Sie ausreichend Medikamente und Teststreifen mit. Es gibt – auch gegen harte Devisen – nach eindringlicher Befragung in Touristenapotheken gerade einmal Metformin. Kein anderes Medikament, keine Teststreifen, kein Insulin.

Empfehlenswert ist auch ein Kühlsystem wie FRIO (siehe unser Shop), das ohne Stromversorgung funktioniert und ihre Medikamente auch bei tropischen Temperaturen kühl hält.

Notrufnummern: Krankenwagen: 118, Polizei: 116, Feuerwehr: 115

Internationale Apotheke: Calle 20/Ecke Avenida 41, Playa, Tel: +53 204 5051

Krankenhäuser:

Clinica Central Cira Garcia (internationales Krankenhaus), AdCalle 20 No 4101 esq Av 41, Havana, Tel: +53 7 204 2811

Clinica Internacional De Santa Maria, Av Terrazas No 36, Havana, Tel: +53 7 97 1032

Clinica Internacional de Cayo Largo, Cayo Largo, Havana, Tel: +53 45 248 238

Hospital Provincial de Camaguey, Camaguey, Havana, Tel: +53 32 82010

La Pradera International Health Center, Calle 230 y15, Reparto Siboney, Playa, Havana, Tel: +53 7 337 200/467

Österreichische Botschaft: Calle 4, No.101e/Ira y 3ra, Miramar, Havana, Tel: +53 7 242394

GRIECHENLAND

Historischer Alltag im Inselparadies

Griechenland – Sonnengarantie und geschichtsträchtiger Background gehen hier Hand in Hand. An die zehntausend Inseln locken Jahr für Jahr hundertausende Österreicher, um auf einer von ihnen ihren Urlaub zu verbringen. Hier eine kleine höchst persönliche Auswahl:

Mykonos – die Partyinsel

Mykonos ist eine Kykladen-Insel im Ägäischen Meer mit einer Fläche von 86 km² und ca. 9.300 Einwohnern und stand lange im Schatten der Nachbarinsel Delos. Doch in den Zwischenkriegsjahren entdeckten Prominente wie Mikis Theodorakis oder Jacqueline Kennedy die Reize des Eilands. Ab den 60er-Jahren verstärkte sich massiv der Zulauf von Lesben und Schwulen aus der ganzen Welt, die hier feierten, als gäbe es kein Morgen. In Partylaune sollten auch Besucher von Mykonos sein. Hier hat kaum eine Nacht vor dem Sonnenaufgang ihr Ende. Dementsprechend schwer ist es auch, in Mykonos eine wirklich ruhige Bleibe zu finden.

Samos – die Wein-Insel

Weltberühmt, aber für Menschen mit Diabetes nicht unproblematisch ist der süße Wein, der unter dem Namen seines Ursprungsortes weltweit nicht nur in griechischen Lokalen angeboten wird. Vielleicht war er ja einer der Gründe, warum sich auf dieser östlichsten außergewöhnlich grünen griechischen Insel, von der es nur knapp 1,5 Kilometer bis in die Türkei sind, so große antike Künstler wie Äsop und Herodot, aber auch der Philosoph und Mathematiker Pythagoras gern aufgehalten haben. Nach ihm ist auch der Ort mit den mit Abstand meisten Überresten benannt: Pythagorio, die antike Stadt Samos mit ihren von Polykrates angelegten antiken Stadtmauern und Hafenanlagen.

Santorin – die Romantikinsel

THERA oder Santorini hat in den letzten Jahren durch die außerordentlichen Entdeckungen bei archäologischen Ausgrabungen die Aufmerksamkeit der Welt auf sich gezogen. Am Südende der Insel, bei Akrotiri, wurde eine ganze prähistorische Stadt, Minoas, ausgegraben. Komplett mit Straßen, Plätzen und zweistöckigen Häusern, sowie einmaligen Fresken.

Schon lange streiten verschiedene Forscher auf der ganzen Welt darüber, ob Santorin das ehemalige Atlantis war, ob der Ausbruch seines Vulkans vor rund 3.500 Jahren die vernichtende Flutwelle beim Auszug der Israeliten aus Ägypten verursacht hat und vieles mehr.

Auf dem schwarzen Sand, der ebenfalls vulkanischen Ursprungs ist, wächst übrigens ausgezeichneter Wein, den man wohl am Besten bei einem der romantischen Sonnenuntergänge in Phira genießt. In dem hübschen Ort kann man die weiß gekalkten Häuser besichtigen und hat eine herrliche Panoramasicht von den Terrassen.

Zakynthos – die Künstlerinsel

Der habsburgische Erzherzog Ludwig Salvator stand Pate für das Kreativ-Urlaubsprojekt "Sommerakademie Griechenland", das vom Wiener Rechtsanwalt Dr. Wolfgang Löhnert – er ist Sammler der Werke des Erzherzogs und Gründer der Österreichischen Ludwig-Salvator-Gesellschaft – geleitet wird. Folglich ist das Kurs-Angebot fast unüberschaubar. Vom griechischen Tanzkurs über Malen in allen möglichen Techniken bis hin zum Schreibkurs und zur Fotografie wird vieles für den Kreativ-Aufenthalt angeboten.

Berühmt ist Zakynthos auch für sein Olivenöl, immerhin sind mehr als ein Drittel der Inselfläche mit Olivenbäumen bepflanzt. Besuchenswerte Highlights gibt es einige: die "Blaue Grotte" oder die Höhlen von Keri gehören dazu. Berühmt wurde auch der Strand mit dem Schmuggler-Wrack, das hier in den 70er-Jahren auf Grund lief. Legendär sind auch die Nistplätze der Caretta-caretta-Schildkröte. Ihre Nistplätze wurden – weil die Art vom Aussterben bedroht ist – unter Naturschutz gestellt.

Rhodos – die Königsinsel

Von Rhodos-Stadt aus gesehen, ist fast die gesamte Westküste bis Ialysos eine einzige Kette von Hotels, Diskotheken und Bars. In Trianda (1967 noch ein beschauliches kleines Dörfchen, das gemäß Namen aus 30 heute noch vorhandenen Sommervillen an der Küstenstraße bestand) kann man zum Filerimos, einer sehr schönen Anlage der italienischen Franziskanermönche, sowie den Ruinen von Ialysos.

Im Nordwesten der Insel, etwas im Inneren gelegen, befindet sich das Tal der Schmetterlinge (πεταλούδες, Petaloudes), das man gegen Eintritt besuchen kann. Will man die Schmetterlinge aktiv erleben, so empfiehlt sich der Besuch nur von etwa Mitte Juni bis September außerhalb der Mittagszeit.

Das Zentrum des Tourismus liegt auf der Ostseite der Insel. Im Nordosten befinden sich die Thermen von Kallithea, die rekonstruiert und im Sommer 2007 neu eröffnet wurden. Etwas weiter südlich liegt die Region um Faliraki, die Hochburg des Tourismus mit ihren zahlreichen Diskotheken, Bars und Restaurants. Eine der meistbesuchten Sehenswürdigkeiten der Insel ist die Stadt Lindos mit der berühmten Akropolis, die nach der Akropolis von Athen die meistbesuchte Griechenlands ist.

Noch ein kleines Detail zum Schluss: Diabetes mellitus ist griechisch und bedeutet „honigsüßer Durchfluss“.

WICHTIG FÜR MENSCHEN MIT DIABETES

Notrufnummern: Polizei: 100, Rettungsdienst: 166, Feuerwehr: 199, EU-Notrufnummer: 112

Apotheken: Apotheken erkennt man in Griechenland an dem grünen Kreuz und der Aufschrift **„ΦΑΡΜΑΚΕΙΟ“** oder auch „PHARMACY“. Deutsche Arzneimittel sind meist vorrätig oder griechische Produkte deutscher Pharma-Unternehmen. Öffnungszeiten: Mo.-Sa. 8:30-14:00 Uhr und Di., Do., Fr. auch 17:30–21:00 Uhr.

Krankenhäuser:

Mykonos: Health Centre – +30 22890 23998 / 23994, Private Medical Centre – +30 22890 24211, +30 22890 27407, Erste-Hilfe-Station Mykonos – +30 22890 22274, Erste-Hilfe-Station von Ano Mera – +30 22890 71395

Samos: Samos Stadt, Tel. +30 22730 27407 / +30 22730 27426

Santorin: Santorini Medical Centre, Thira, Tel: +30 22860 23333

Zakynthos: Allgemein-Krankenhaus Zakynthos +30 26950, Erste-Hilfe-Center (EKAB) +30 26950-23166

Rhodos: Krankenhaus Rhodos Stadt, Tel.: +30 22410 80000. Dialyse Zentrum Rhodos: HELIONEPHRO – Dialyse-Zentrum, Tel: +30 22410 03300

Österreichische Botschaft: Vasilissis Sofias 4, Athen, Tel: +30 210 7257 270

CIVIC AMENITY CENTRE
Baile Uí Bheolain
MOUNTSHANNON
km Leaca an Eadain
13 FLAGMOUNT
An Fhiacail 10
FEAKLE km
An Gort 37
GORT
37 PORTUMNA
km Baile Uí Bheolain
8 MOUNTSHANNON
Luimneach km
LIMERICK 38

IRLAND

Die grüne Insel macht wunschlos glücklich

Eines kann man nach ein paar Tagen in Dublin überzeugt sagen: die Iren sind wirklich freundliche und offene Leute. Von allen Seiten wird bereitwillig geholfen, man braucht nur einen Stadtplan zu zücken, und schon fragt jemand, ob er helfen kann.

Ein guter Rat vorweg: es besteht definitiv keine Notwendigkeit, sich in Dublin ein Busticket für mehrere Tage zu kaufen. In dieser Stadt ist fast alles bequem zu Fuß erreichbar und ein Ticket lohnt sich wirklich nicht. Nur um das **Kilmainham Gaol Gefängnis** zu besichtigen, braucht man eines. Das liegt zwar ein kleines bisschen außerhalb des Stadtzentrums, ist aber unbedingt einen Besuch wert. Dort erfährt man sehr viel über die Geschichte der grünen Insel, insbesondere über den Kampf um ihre Unabhängigkeit. Abgesehen von der großen Hungersnot, die Irland im 19. Jahrhundert heimsuchte und wegen der etliche Menschen sogar freiwillig ins Gefängnis gingen, weil es dort Mahlzeiten gab, waren auch viele der Insassen wegen der Osteraufstände von 1916, bei denen es um die Unabhängigkeit Irlands ging, in Kilmainham Gaol. Die Führung durch das ganze Gefängnis, das bis Anfang des 20. Jahrhunderts in Betrieb war, jetzt aber nur noch ein Museum ist, dauert eine Stunde und ist kein bisschen langweilig.

Das **Guinness Storehouse** ist mittlerweile keine Fabrik mehr und sollte zu einem fixen Punkt einer jeden Stadtbesichtigung sein. Selbst wenn man keinen Alkohol trinkt, sollte man sich die Ausstellung über die unterschiedlichen Stufen des Werdegangs des Gerstensafts auf jeden Fall ansehen, da sie sehr modern und liebevoll gestaltet ist, und keine Fragen zur Herstellung oder Geschichte des bekanntesten Bieres Irlands offen lässt. Am Ende der Ausstellung wartet dann, wenn man will, in der Gravity-Bar, bei einem grandiosen Ausblick über ganz Dublin, ein wohlschmeckendes, frischgezapftes Guinness. Der Geruch von gerösteter Gerste hat auf jeden Fall seinen eigenen Reiz und riecht so ganz und gar nicht nach Bier!

Auch die Kulturszene Dublins ist einen Ausflug wert. Abgesehen davon, dass hier berühmte Autoren wie James Joyce, Oscar Wilde und Bram Stoker geschrieben und gelebt haben, ist Dublin auch weltweit die einzige Stadt mit einem „Gay Theater Festival". Das ist nicht nur kulturell ein Ereignis, sondern lohnt sich wirklich, wenn man gute Theaterstücke schätzt.

Auf dem Weg zum Geburtshaus des Schriftstellers Oscar Wilde („Das Bildnis des Dorian Gray"), sollte man unbedingt das **Trinity College** durchqueren. Es brachte und bringt nicht nur intelligente Köpfe hervor, sondern beherbergt in seiner Bibliothek auch das Book of Kells, das als eines der ältesten Bücher der Welt gilt.

Der einzige kleine Nachteil Dublins ist, dass hier Restaurantbesuche meistens ziemlich teuer sind. Wer allerdings ganz genau schaut, entdeckt dann doch ein paar wenige Lokale, wo nicht nur die Preise stimmen, sondern auch noch das Essen sensationell schmeckt. Das „Lunch & Platters" ist so ein Geheimtipp. Dort kann man nicht nur gesund, sondern auch günstig essen. Und wer zu seinem Abendessen auch noch gerne Livemusik hat, der geht am besten ins „The Purty Kitchen", gleich gegenüber vom Hotel der Popgruppe U2, genannt „The Clarence".

Die meisten Lokale Dublins finden sich in dem Stadtviertel **„Temple Bar",** benannt nach einer der berühmtesten Bars der Stadt, die in genau diesem Szenenviertel steht. Übrigens: in Irland wird in fast jedem Café darauf geschaut, dass die Bohnen aus dem Fairtrade-Handel stammen.

Wer gerne shoppen geht, ist in Dublin gut aufgehoben. Abgesehen von mehreren fast amerikanisch wirkenden Einkaufszentren, gibt es auch noch herrliche alte Seitengassen mit verschiedenen kleinen Geschäften, wo fast alles zu finden ist, was das Herz begehrt; von verrückten Gummistiefeln bis zu Schallplatten aus den Sechzigerjahren.

Fazit: Dublin hat freundliche Einwohner, es ist zu Fuß zu entdecken und deswegen gleichzeitig förderlich für die eigene Fitness. Man kann sich hier gut orientieren, und die Stadt ist sowohl geschichtlich, als auch kulturell interessant. Außerdem hat man hat die Möglichkeit, vortrefflich und gesund zu essen. Man kann also sagen, Dublin macht einen fast wunschlos glücklich.

Und wunschlos glücklich macht auch der Rest der Insel. Um Irland ein wenig näher kennenzulernen, sollte man sich mit einem Mietauto auf Tour begeben. Unbedingt besuchen sollte man dabei eine der ältesten Städte Irlands, **Kilkenny,** das mit seinen gewundenen Gassen und bunten Häusern bezaubert. Von Beanntrai, eine malerische Kleinstadt an einer der schönsten Buchten von Irland gelegen, aus führt die berühmte Strecke „Ring of Kerry“ durch eine wunderschöne Natur mit herrlichen grünen Wiesen, vielen Schafen und einem Himmel, der zum Greifen nahe scheint, nach **Cahersiveen** und dann weiter zur Halbinsel **Dingle** mit ihrem herrlichen weißen Sandstrand. Fotomotive gibt es hier so wie auf der ganzen Strecke zuhauf. Auch eine Fahrt mit einem Hausboot entlang des Shannon – eines Flusses mit tiefschwarzem

Wasser – bietet unvergessliche Eindrücke. Veranstaltet werden die Touren auf dem Shannon von der Crown Blue Line (CBL) in Zusammenarbeit mit den österreichischen Hausbootreisen Terramarin. Preis pro Woche und Boot auf der Classique: € 2.401,– (gültig von 14.06.–04.07. und 30.08.–12.09.) Abfahrt von Carrick on Shannon oder Portumna; Einwegfahrten möglich.

Übernahme des Bootes: Samstag 16.00–20.00; Rückgabe: Samstag 09.00–10.00. Infos unter www.terramarin.com oder Terramarin, 3100 St. Pölten, Kollerbergweg 19, Telefon: +43-(0)2742-71777

WICHTIG FÜR MENSCHEN MIT DIABETES

Notrufnummern:
Rettungswagen, Polizei, Feuerwehr: 112 oder 999

Apotheken sind mit einem grünen Kreuz gekennzeichnet, geöffnet von Montag–Samstag, 9–18 Uhr. Irische Apotheker müssen verpflichtend eigene Seminare über Diabetes besuchen.

Krankenhäuser: Bon Secours Krankenhaus, Glasnevin, Dublin 9, Tel.: +353 (0)1 837 5111/806

Bon Secours Krankenhaus mit Diabetes Specialist-Service, College Road, Cork, Tel: +353 (0)21 454 2807

Österreichische Botschaft: 93, Ailesbury Road 15, Ailesbury Court, Dublin 4 Te1.: +353 (0)1 269 45 77

Touristenbüro: Irish Tourist Assistance Service, Block 1, Garda HQ, Harcourt Square, Dublin 2, Tel.: +1 478 52 95

Diabetikergesellschaft: Diabetes Federation of Ireland,
76 Lower Gardiner Street, Dublin 1,
Tel.: +353 (0)1 836 30 22, Helpline: +353 (0)1 850 909 909
Internet: www.diabetes.ie

ISLAND

Von dunklen Tagen, liebenswerten Menschen und mystischen Trolls

Dunkelheit, Ruhe und eine für unsere Breiten unbekannte Exotik bestimmen das Leben der Menschen während der Wintermonate auf einer der liebenswertesten Inseln im Nordatlantik. Doch auch wenn das Wetter mitunter ganz schön rau sein kann, von solchen Lappalien lassen sich Isländer zum Glück nicht aus ihrer gewohnten Ruhe bringen. Das hat ja nicht einmal der Ausbruch des berühmten Vulkans Eyjafjallajökull im April 2010 geschafft.

Island in der kalten Jahreszeit zu besuchen, ist ein Erlebnis für sich. Auch wenn erst am späten Vormittag die Morgendämmerung eintritt und es am frühen Nachmittag wieder stockdunkel wird – die Insel im Nordatlantik bietet gerade in den Wintermonaten einen ganz besonderen, fast schon exotischen Reiz.

Es lohnt sich auch bei Regen, wenn man der Innenstadt von Reykjavik einen Besuch abstattet. Der kleine, zugefrorene See Tjörnin mitten im Zentrum, die nordischen Holzhäuser an dessen Ufer, der 1796 fertiggestellte Dom, die in den späten 1930er Jahre gebaute Hallgrimskriche oder das erst 18 Jahre alte Rathaus bieten schon ein besonderes Ambiente.

Ebenso wie der Hafen mit seinen köstlichen Fischrestaurants. Doch in Reykjavik bekommt man freilich nicht nur Fisch, die Gastronomie ist sehr international und bietet von englischen und irischen Pubs bis hin zur thailändischen, chinesischen und vietnamesischen Küche eine beachtliche Auswahl. Und wer die Insel ausgiebig erkunden will – was man unbedingt tun sollte – kann sich in der Hauptstadt in den gut sortierten Apotheken seine Medikamente besorgen.

Entspannung suchen sich Einheimische wie Touristen in den zahlreichen Bädern mit ihren heißen Pools (bis 45 Grad Celsius) und

Dampfkammern. Um umgerechnet zwei Euro kann man hier, wenn man will, einen ganzen Tag lang herrlich relaxen. Die Bäder dienen den Einheimischen freilich nicht nur als Ruhepol, sie sind auch ein Ort der Begegnung – im Wasser wird gerne eifrig über lokale und internationale Ereignisse diskutiert. Ruhig und ganz ohne Hektik, versteht sich. Und wenn gleich eine ganze Schulklasse mit zwölfjährigen Mädchen und Buben hereinschneit, wird es auch nicht lauter. Die Kinder verhalten sich ebenso ruhig wie die Erwachsenen.

Einsames Landleben

Fährt man von Reykjavik in den hohen Norden in die zweitgrößte Stadt Islands, nach Akureyri, so bekommt man eine Ahnung davon, was Einsamkeit bedeutet. Kaum ein Auto, das einen während der fünf Stunden langen Fahrt begegnet. Dafür sieht man viele kleine Islandpferde weiden. Die Zucht und der weltweite Verkauf dieser berühmten Tiere sorgen für einen guten Umsatz.

Die Isländer glauben auch felsenfest an Trolle und Feen, die irgendwo in der Weite leben sollen. Die Menschen hier haben einen großen Respekt vor ihren unsichtbaren Mitbewohnern, und wird eine Straße geplant, an der ein Troll leben soll, dann wird einfach eine Kurve rund um ihn gebaut, damit der mystische Wicht nicht in seiner Ruhe gestört wird. Als Mitteleuropäer lächelt man über diesen Aberglauben, doch wenn man über das einsame Land fährt, kann man die Inselbewohner ein wenig verstehen: Reale Besucher aus Fleisch und Blut sind eben rar. Es gibt sogar eine eigene Landkarte, in der die „Wohnplätze" der Trolle verzeichnet sind.

Die Landschaft mit ihren bizarren, schneebedeckten Bergen, den einsamen Tälern, den Fjorden und den zum Teil zugefrorenen Seen und Flüssen hat einen fast schon exotischen Reiz, der seinesgleichen sucht – das Panorama des eher trockenen Nordens des Landes wird man so schnell nicht wieder vergessen. Und wenn man Glück hat, so sieht man während der Nachtstunden das berühmte Nordlicht – ein einmaliges Naturschauspiel, der einen ganz klaren Sternenhimmel erfordert, um wahrgenommen zu werden. Was leider nicht immer der Fall ist.

Junge Stadt im Norden

Akureyri liegt am Ende des längsten Fjords von Island ganz im Norden und ist nicht nur die zweitgrößte Stadt der Insel, sondern auch jung und offen. Knapp 18.000 Menschen leben hier. Vor 23 Jahren wurde in Akureyri die zweite Universität von Island eröffnet und man kann hier unter anderem Fischereiwirtschaft studieren. Daneben gibt es eine Technische Hochschule, eine Musik- und Kunstschule, sowie ein Gymnasium. Die verhältnismäßig vielen Schulen merkt man der Stadt an – hauptsächlich junge Menschen bevölkern die Haupteinkaufsstraße oder die Restaurants.

Zurück in Reykjavik gilt es einige Sehenswürdigkeiten rund um die Hauptstadt zu besuchen: Die östlich gelegene blaue Lagune ist ein vor Jahren künstlich angelegter See mit heißem, dampfendem Wasser. Oder die Geysire, die ihre riesigen Fontänen in die Höhe schießen. Und natürlich die Gletscher im Süden. In den Hotels werden Ausflugsfahrten zu vernünftigen Preisen angeboten, auch zu den von Reykjavik doch mehrere Autostunden entfernten Gletschern, in dessen Nähe sich der im Vorjahr bei uns berühmt gewordene Vulkan Eyjafjallajökull befindet, dessen Vulkanasche für zahlreiche Flugausfälle in halb Europa verantwortlich war. Der Vulkan ist mit seinen 1666 Metern die höchste Erhebung an der Südküste und bietet mit seinen an den steilen Felswänden herabstürzenden Wasserfällen ein beeindruckendes Naturschauspiel.

Island strotzt zwar nicht von vielen weltbekannten Sehenswürdigkeiten, aber gerade das macht den Reiz der Insel aus. Man kann viel selbst entdecken, die einzigartige Natur genießen, die Ruhe und Herbheit des Landes atmen. Man muss nur offen sein dafür. Und immer mehr Besucher aus aller Welt sind bereit, sich darauf einzulassen.

WICHTIG FÜR MENSCHEN MIT DIABETES

Notrufnummern: „112" gilt landesweit in Island für Polizei, Krankenwagen, Notarzt und Feuerwehr.
Die Polizei in Reykjavík ist auch unter der Notrufnummer +354 551 1166 ganztägig erreichbar.

Apotheken haben während der normalen Geschäftszeiten geöffnet. Es gibt in Reykjavík 8 Gesundheitszentren, in denen, ohne längere Wartezeiten, Sprechstundentermine vereinbart werden können.

Ärztlicher Notdienst des „Medizinischen Gesundheitszentrums", Barónsstígur 47, 101 Reykjavík, Tel.: +354 552 1230 werktags zwischen 17 Uhr und 8 Uhr morgens, bzw. ganztägig während des Wochenendes erreichbar. Bei ernsthaften, akuten Erkrankungen können Sie sich an die Unfallstation (Slysadeild) des Krankenhauses Reykjavík (Sjúkrahús Reykjavíkur) wenden. Tel.: +354 525 1000.

Schutzimpfungen: nicht vorgeschrieben!

Spezialist für Behindertenreisen:
Ferðafélagar hf, Reynigrund 65, IS-200 Kópavogur
Tel.: +354 564 40 91, Fax: +354 564 40 92

JORDANIEN

Träume aus Tausendundeiner Nacht

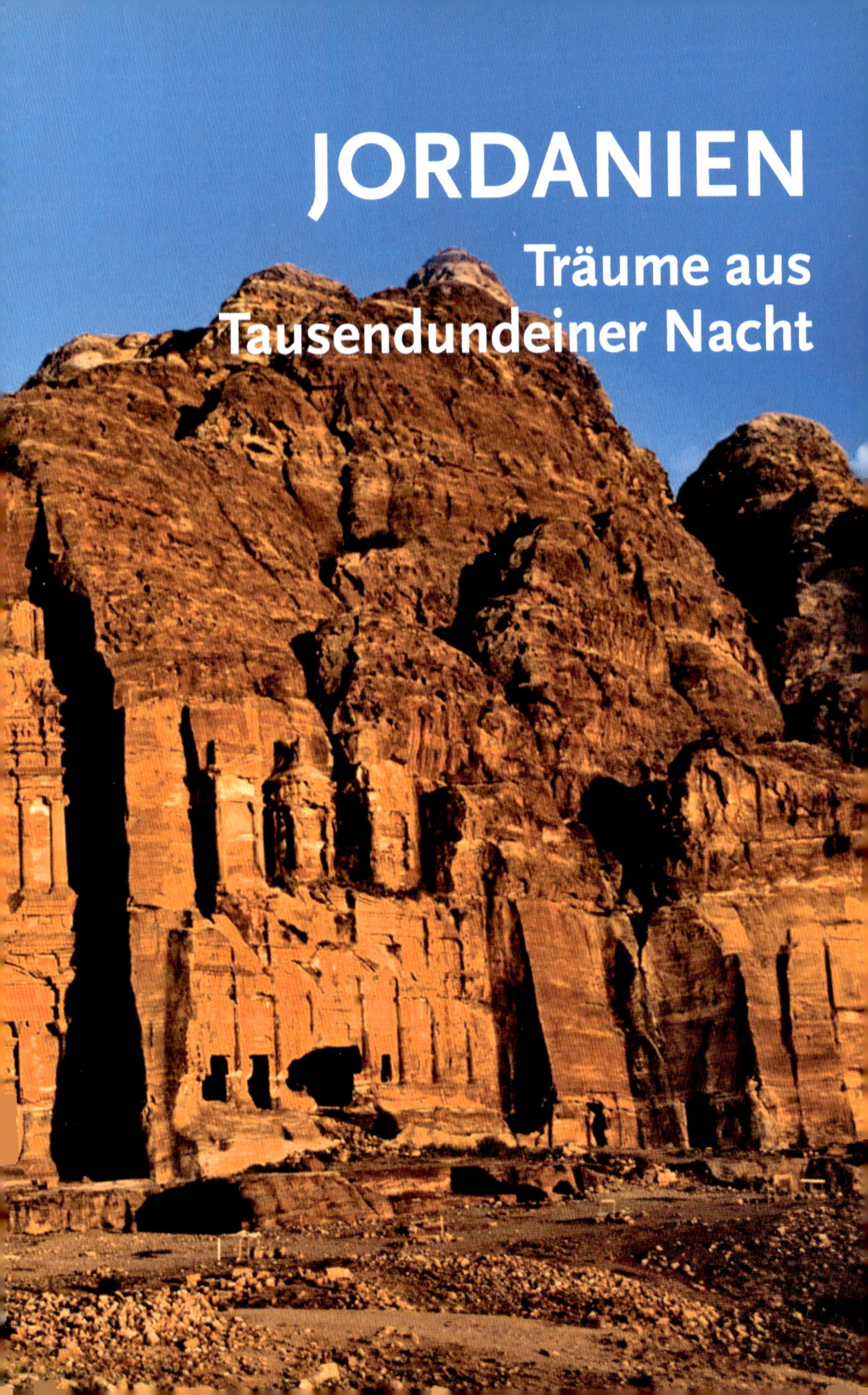

Jerash liegt 40 Kilometer nördlich der jordanischen Hauptstadt Amman. Früher als Gerasa (333 v. Chr.) bekannt, soll hier den Lukas- und Markusevangelien nach, Jesus einem Mann die Dämonen ausgetrieben haben. Sie ist außerdem die am besten erhaltene griechisch-römische Stadt im Nahen Osten. Schon Kaiser Hadrian rühmte sie als „die Stadt, die alle Schönheit in sich vereinigt". Irgendwann jedoch ereilte der Untergang Gerasa. Mehr als 2.000 Jahre war die ganze Stadt unter Tonnen von Sand begraben, bis man vor rund 70 Jahren die Schätze aus Kalkstein wieder entdeckt und sie bis zum letzten Kanaldeckel freigelegt hat. Mit seinen säulenverzierten Läden, Tempeln und Theatern gilt Jerash als eine der größten Sehenswürdigkeiten Jordaniens. Besonders prachtvoll ist das Forum, ein mit Granitplatten gepflastertes Oval, das von ionischen Säulen umrahmt ist.

Nächstes Ziel: Wüstenschlösser. Die Straße dorthin ist ziemlich seltsam. Man fährt durch ein Niemandsland und die Fahrbahn nimmt irgendwann die Breite eines Flugfeldes an. Der Grund dafür: im Notfall wird die Straße tatsächlich gesperrt und zu einem Flughafen umfunktioniert. Mit Straßensperren und Polizeikontrollen ist daher immer zu rechnen.

Wie aus dem Nichts taucht das **Wüstenschloss der Kalifen-Dynastie Omaijaden** auf. Geheimnisvoll wirkt das kastellartige Qasr al-Kharraneh, trutzig und wehrhaft. Wüstenschlösser dienten als Karawanserei, Handelszentrum, Vergnügungsort und Außenposten für die fernen Herrscher. Das zweite Wüstenschloss ist **Qusayr Amra** – der „kleine Palast" von Amra. Das von der UNESCO zum Weltkulturerbe erklärte islamische Badehaus beeindruckt mit seinen Wandmalereien, die sogar nach 1300 Jahren noch teilweise vorhanden sind. Die Darstellungen von Tieren, Astralkörpern, Jagdszenen und nackten Frauen zeigt, dass das Verbot, naturgetreue Bildnisse anzufertigen, erst eine spätere Entwicklung des Islam war.

Moses und das Gelobte Land

Der **Berg Nebo** ist für für Juden- und Christentum aber auch für den Islam ein heiliger Ort. Die Bibel berichtet, dass der Prophet Moses nach vierzigjähriger Wanderung aus Ägypten von hier aus zum ersten Mal das Gelobte Land erblickte. Wenn man Moses´ Spuren folgt, wird man vom Hochplateau aus mit einem atemberaubenden Ausblick auf das Tote Meer, den Jordangraben und die Westbank belohnt. Es heißt, Moses sei auf dem Berg Nebo gestorben und liege auch hier begraben. Kein Mensch weiß wo, fix ist aber, dass die Kirche hier oben, in der es prächtige Mosaike zu sehen gibt, schon immer eines der bedeutendsten christlichen Heiligtümer des Orients war. Heute ist die Kirche im Besitz des katholischen Franziskanerordens, der hier auch ein Kloster betreibt.

Abstecher nach **Dana.** Das Naturschutzgebiet erstreckt sich vom Jordangraben bis ins Flachland von Wadi Araba. Seltene Tier- und Pflanzenarten sind hier zu finden – wenn man Glück hat, begegnet man einem Syrischen Wolf oder entdeckt am Straßenrand Jordaniens Nationalblume, die schwarze Iris. Im Dorf Dana mit seinen strohgedeckten Häusern fühlt man sich in eine lang vergangene Zeit zurückversetzt.

Petra ist eine legendäre Stadt aus Stein. Lawrence von Arabien hat Petra als „den herrlichsten Ort auf der Welt" beschrieben. Der Stoff, aus dem die Träume Tausendundeiner Nacht sind, das achte Weltwunder – superlative Bezeichnungen gibt es viele für diese Felsenmetropole. Dann endlich die ganze Pracht der spektakulären, durch Erdbeben in den Fels gerissenen Schlucht. Sie ist von atemberaubender Schönheit und von bis zu 100 Meter hohen, senkrechten Felswänden eingefasst. Der Siq scheint immer

mehr zusammenzurücken, so dass man fast schon festzustecken glaubt. Doch dann öffnet sich die Schlucht und gibt die Sicht frei auf eine Monumentalfassade von gut 40 Metern Höhe und fast 30 Metern Breite – das Schatzhaus gehört zu den berühmtesten Sehenswürdigkeit Jordaniens!

Vorbei am Theater (damals 7000 Sitzplätze), an prachtvollen Fassaden von Felsengräbern, gelangt man zur **Kolonnade,** der einstigen Hauptstraße. Auch wenn es sehr heiß ist, lohnt sich der beschwerliche Aufstieg über 800 in den Fels geschlagene Stufen zum **Al Deir** (bedeutet „das Kloster"). Am Plateau angelangt, hat man einen überwältigenden Ausblick auf die imposante Vorderfront des Deir. Das Kloster ist riesengroß und von ehrfurchtgebietender Schönheit.

Das achte Weltwunder, Lawrence von Arabien und viel Salz

Am Morgen geht es weiter Richtung Süden nach Wadi Rum. Zur Wüstenlandschaft, die schon den britischen Abenteurer Lawrence von Arabien während seiner Feldzüge gegen die Osmanen faszinierte. „Weitläufig, einsam und gottähnlich" – mit diesen Worten charakterisierte er die größte und eindrucksvollste Wüstenlandschaft Jordaniens. Von einem Beduinenlager aus kann man in wackeliger Höhe eine Kameltour in der Wüste genießen. Das Ziel: der tiefste Punkt der Erde am Toten Meer.

An seinem Ufer wird das luxuriöse Kempinskii Hotel Ishtar bewacht wie Fort Knox. Bereits bei der Einfahrt zur Hotelanlage werden die Autos bis zur Bodenplatte mit Spiegeln kontrolliert, die Fahrer müssen ihre Papiere vorlegen. Hotelgäste werden erst beim Betreten der Lobby einer genauen Kontrolle unterzogen. Doch dann kann man sich auf ein paar Tage voller Muße, Ruhe und Entspannung freuen. Denn das Personal bemüht sich unentwegt, die Gäste zu verwöhnen. Mag es auch mitunter etwas peinlich sein, wenn am Pool ein Boy einen Gast um eine Sonnenbrille bittet, die er dann sorgfältig putzt. Nicht umsonst ist hier das Motto: „Schalten Sie ab – wir kümmern uns um den Rest“. Schön, dass man sich mit der Zeit an alles gewöhnt!

WICHTIG FÜR MENSCHEN MIT DIABETES

Die medizinische Versorgung in Jordanien zählt zu den besten im mittleren Osten. Viele Ärzte haben ihre Ausbildung in Europa oder in den USA abgeschlossen und sprechen deshalb auch Englisch. Größere Hotels und Botschaften geben Empfehlungen für Ärzte oder Krankenhäuser. Jede medizinische Behandlung muss bar bezahlt werden, da europäische Krankenscheine nicht akzeptiert werden.

Wer regelmäßig Medikamente braucht, sollte diese von zu Hause mitbringen. Außerdem empfiehlt es sich, bewährte Mittel gegen Übelkeit, Durchfall und Sonnenbrand mitzunehmen.

In der monatlich herausgegebenen Gratisbroschüre „Your Travel Guide to Amman“ findet man ein Verzeichnis der durchgehend geöffneten Apotheken in der Hauptstadt Amman.

Die wichtigsten Notrufnummern:

Notfallnummer landesweit: 199 Polizei: 191 oder 192
Krankenwagen: 193

Krankenhäuser:

Palestine Hospital, 11 Queen Alia St.-Shmeisani, Amman,
Tel: +962 6 560 70 71

Al Essra Hospital, Queen Rania Al, Abdallah Str., Amman,
Tel: +962 6 530 03 00

Botschaft der Republik Österreich: Tel. +962 6 460 11 01

KROATIEN

Die Perle der Adria schimmert immer noch

Mit nur 700 Kilometer Entfernung sind die kroatischen Inseln **Cres** und **Losinj** in der Kvarner Bucht für Österreicher die nächst gelegenen Eilande im Mittelmeer. Nur die Donauinsel ist näher. Dafür gibt es gut ausgebaute Autobahnen (freilich gebührenpflichtig), die erleichtern die Anreise enorm. Gebührenpflichtig sind auch die Park- und Abstellplätze.

Wer in Erinnerungen kramen kann, erkennt sofort die riesigen Campingplätze wieder, auf denen Feriengäste aus ganz Europa – mitunter auch splitternackt in eigenen FKK-Camps – ihrem für mich doch etwas seltsamen Urlaubsvergnügen frönen. Auch an den alten Stadtkernen und Häfen hat sich wenig geändert. Uralte Steinmauern und Häuser mit einwandfrei italienischem Einfluss bezeugen die jahrhundertealte Verbindungen nach Oberitalien, die sich aus dem gemeinsamen Interesse für die Seefahrt ergaben. Drüben wurden Schiffe gebraucht. Hier in Kroatien wurden sie gebaut. Selbstverständlich stehen auf nahezu allen Speisekarten neben den Schätzen des Meeres auch die unvermeidlichen Cevapcici und Rasnici. Zu bezahlen hat man in Kuna (was soviel wie Marder bedeutet und schon im Mittelalter in Form von Pelzen eine Währungseinheit war) und sieben Kuna sind etwa ein Euro.

Auf die Inseln kommt man ausschließlich mit einer Fähre. Cres und Losinj, von denen es heißt, dass sie einmal eins waren, sind mit einer Brücke verbunden, die nur für besonders große Jachten geöffnet wird.

Um Schiffe zu bauen, brauchte man früher ausschließlich Holz und so ist es umso erstaunlicher, dass Losinj auch heute noch eine sehr grüne, dicht bewaldete Insel ist. Das verdanken wir frühen Gesundheitsfans. Denn bereits vor mehr als einhundert Jahren war die Insel Losinj für ihre der Lunge zuträglichen klimatischen Bedingungen bekannt. Tuberkulose-Kranke aus dem ganzen K.u.K.-Österreich wurden nach Kroatien zur Rehabilitation geschickt und kehrten meist – dank der salzhaltigen Luft und des milden Klimas – mit guten Ergebnissen nach Hause zurück.

Sandstrände gibt es auf diesen Inseln zwar nur wenige, wer allerdings eine der zahlreichen romantischen Buchten vorzieht, sollte ein paar Regeln intus haben:

- An diesen Stränden gibt es Natur pur und damit auch keine Verkaufsstände – Proviant und Getränke und Sport-BE sind mitzunehmen.
- Gutes Schuhwerk ist für die uralten Bauernwege unbedingt erforderlich.
- Meist ist nichts gegen FKK einzuwenden.
- Der Einstieg ins flaschengrün/tiefblaue Meer wird durch zahlreiche scharfkantige Steine und auch durch zahlreiche Seeigel erschwert – es empfiehlt sich unbedingt, sogenannte Schwimmschuhe anzuziehen.
- An den Stränden kann es sehr heiß werden, ein Kühlsystem für Medikamente leistet gute Dienste.

Neben den Badefreuden bieten sich in Veli Losinj, der südlicheren und kleineren der beiden Inselstädte eine Vielzahl von Wanderwegen durch uralte Olivenhaine sowie tadellos geteerte Straßen für Radfahrer an. Mit über 2500 Sonnenstunden im Jahr, das entspricht ungefähr 300 wolkenlosen oder wolkenarmen Tagen, zählt die Insel zu den sonnigsten Plätzen Europas. Daher ist es ratsam, Touren oder Ausflüge für den frühen Morgen oder den frühen Abend zu planen – die Mittagshitze ist trotz Meereswind unerträglich. Außerdem ist der aufgeheizte Asphalt häufig schuld am vorzeitigen Ende eines Fahrrad-Reifens. Und dann heißt es: „Geh such ma uns an Schattenplatz, ich glaub ich hab an Platten, Schatz!"

Reich an baulichen Attraktionen ist Veli Losinj zwar nicht, aber hier die wichtigsten architektonischen Höhepunkte dieser Perle der Adria, die eben auf ihre besondere Art schimmert, in Kürze:

- Der „Podjavori-Park" und das frühere Winterhaus des Habsburger Erzherzogs Karl-Stephan, bekannt als „Seewarte", ist heute ein berühmtes Kurhaus.
- Die Kirche des St. Nikolaus aus dem 15. Jahrhundert, vermutlich der Beginn der Entstehung von Veli Losinj.
- Die Kapelle des hl. Johannes, nach der der Hügel benannt wurde, mit einer Panoramaaussicht auf Veli und Mali Losinj. Hier ist ein Wanderpfad bis zum südlichsten Teil der Insel Losinj.
- Meeresbildungszentrum Losinj/Delfinzentrum
- Fischerhafen Rovenska – der Wellenbrecher aus dem Jahre 1856 als Schutz vor Sturmböen der Bura. Den Grundstein dafür legte der Erzherzog Maximillian von Habsburg.

WICHTIG FÜR MENSCHEN MIT DIABETES

Kroatien ist zwar noch nicht in der EU, trotzdem – so versichert die Apothekerin in Mali Losinj – sind alle gängigen Geräte, Messstreifen, oralen Medikamente und natürlich auch Insuline samt Zubehör problemlos erhältlich.

Notrufnummern: für Rettung, Polizei, Feuerwehr: 112

Apotheken:

Apotheke heißt auf kroatisch **Ljekarna** und außen ist ein grünes Kreuz sichtbar. In den touristischen Orten an der Küste sind die Apotheken meistens von 8–21 Uhr (Mo-Fr) und Samstags bis 14 Uhr geöffnet. Welche Apotheke Notdienst hat, kann man dort aushängenden Anschlägen entnehmen.

Ärztliche Hilfe:

Die medizinische Versorgung in den touristischen Regionen ist meist sehr gut. In der Regel kann man sich mit dem Arzt auf Deutsch oder Englisch verständigen. Entweder wendet man sich an die Ambulanzen oder an die Notfallstationen der Krankenhäuser vor Ort. In vielen Urlaubsorten werden auch in Hotels ärztliche Sprechstunden abgehalten.

Dialysezentren in Kroatien:

Bjelovar Dialysezentrum Bjelovar, +385 43 279 222, Mihanoviceva 8

Dubrovnik Dialysezentrum Dubrovnik, +385 204 31 777, Roka Misetica Bb

Hvar Dialysezentrum Dz Hvar, +385 217 41 360, Trg. Sv. Stjepana Bb

Opatija Poliklinika Za Hemodijalizu, +385 51 703 118, Fax +385 51 703 118, Ivana Matetica Ronjgova 2 a

Rijeka Dialysezentrum Kbc Rijeka, I.O.C. Susak, +385 512 16 899, T. Strizica 3

Split Dialysezentrum Kb Split-Lok. Firule, +385 215 56 111, Spinciceva 1

Zadar Dialysezentrum Zadar, +385 233 15 677, B. Pericica 2

Zagreb Dialysezentrum Kb Dubrava, +385 1 2902 444, Av. Izvidaca Bb

Zagreb Dialysezentrum Kb Merkur, +385 1 2302 988, Zajceva 29

Zagreb Privates Dialysezentrum Hipokrat, +385 1 278 672, Ksaverska 59

Österreichische Botschaft:

Jakubovac 39, HR-10000 Zagreb, Tel: +385 1 488 10 50, E-Mail: agram-ob@bmaa.gv.at

LANZAROTE
& TENERIFFA
Fun auf dem Vulkan

Mondlandschaft Lanzarote

Ein Viertel von erstarrter Lava bedeckt, fantastische Farben und Formen der Natur, karge Landschaft und erstaunliche Ausblicke – so faszinierend ist die nordöstlichste Kanarische Insel Lanzarote. Hier läßt es sich in einer fantastischen Umgebung bei milden Temperaturen durchaus gesund leben. Eine gesunde Inselernährung und jede Menge Möglichkeiten für Bewegung in frischer Atlantikluft runden das Bild ab.

Dass Lanzarote heute noch nicht aussieht wie Teneriffa, verdankt es vor allem Cesar Manrique (*24.4.1919 †25. 9.1992). Der Maler, Bildhauer, Architekt und geistige Verwandte Friedensreich Hundertwassers hat sich nicht nur mit durchaus sehenswerten Kunstwerken auf der Insel verewigt. Er schaffte es sogar, politisch festzuschreiben, dass kein Haus auf der Insel höher als zwei Stockwerke sein darf.

Als erste vollständige Insel wurde Lanzarote 1993 von der UNESCO zum Biosphärenreservat erklärt. Sie ist die nordöstlichste der sieben großen Kanarischen Inseln und hat eine Fläche von rund 850 km^2. Davon ist allerdings rund ein Viertel von Lava bedeckt. Die Hauptstadt der Insel ist Arrecife, die Landessprache Spanisch. Lanzarote gehört zur spanischen Provinz Las Palmas und seit 1996 zur EU.

1730 kam es auf Lanzarote zu schweren Vulkanausbrüchen, sie dauerten insgesamt 2.053 Tage und endeten erst im Jahr 1736. Zurück blieb eine bizarre Mondlandschaft, durch die heute noch immer Besucher bequem mit Bussen chauffiert werden können.

Im Norden, auf dem Lavafeld des **Volcan de la Corona,** gibt es ein einzigartiges, zusammenhängendes Höhlensystem vulkanischen Ursprungs. Das **Mirador del Río** ist ein architektonisch reizvoller Aussichtspunkt im äußersten Norden. Das Mirador del Río galt zum Zeitpunkt seiner Fertigstellung Mitte der siebziger Jahre des vergangenen Jahrhunderts als eines der bedeutendsten modernen Bauwerke der Welt.

In und um Guatiza und dem nördlicher gelegenen Örtchen Mala breiten sich große Kakteenfelder hinter niedrigen Mauern aus.

Die größte Sehenswürdigkeit des Ortes ist jedoch der Kakteengarten Jardín de Cactus am nördlichen Ortsrand, der durch einen überdimensionalen Metall-Kaktus am Eingang ausgewiesen wird.

Die Fundación César Manrique (Stiftung César Manrique) befindet sich im ehemaligen Wohnhaus des Künstlers in Tahiche, einem Ort inmitten der Kanarischen Insel Lanzarote, seiner Heimatinsel. Die Stiftung ist nicht nur als Forum für Ausstellungen, sondern auch für Studien und Debatten gedacht. Sie befasst sich mit der Erhaltung, Erforschung und Verbreitung des Werkes Manriques und ist heute im Haus des Künstlers und den dazugehörigen Wirtschaftsgebäuden untergebracht.

WICHTIG FÜR MENSCHEN MIT DIABETES

Notrufnummern: Polizei / Feuerwehr: 112

Spanish Emergency Service: 016

Spanisches Rotes Kreuz: +34 928 81 22 22

Apotheken: Am grünen Neon-Kreuz sind – wie auch im Rest Spaniens – die Apotheken **(„farmacias")** auf Lanzarote zu erkennen. Jede größere Stadt hat mindestens eine davon und ein gut geregeltes Tag-und-Nacht-System.

Krankenhaus Arrecife: Hospital General, +34 928 80 18 63

Alle Utensilien, die Diabetiker brauchen, sind unkompliziert erhältlich. Für Notfälle gibt es in allen größeren Städten Spitäler, aber auch private Kliniken, die oft von deutschen Ärzten geleitet werden. Mit Zusatz-Versicherung ist man dort gut aufgehoben, andernfalls kann es ins Geld gehen.

Beste Reisezeit ist April oder Mai. Da ist es schon angenehm warm, aber nicht so tropisch heiß wie im Sommer (40 °C und mehr).

Teneriffa – der Mini-Kontinent

300 km westlich von Afrika und rund 1.300 km vom spanischen Festland entfernt liegt die Insel Teneriffa, mit rund 2.040 Quadratkilometern die größte Insel der Kanaren. Mit Palmenstränden und Bergen bis über 3.700 Metern ist Teneriffa so was wie ein Kontinent in Miniatur-Ausgabe.

Die Touristenzentren befinden sich im Süden, heißen **Los Christianos, Playa des Las Americas** und **Costa Adeje** und sind noch in weitere Playas unterteilt. Teneriffa entstand vor etwa sieben bis fünf Millionen Jahren durch vulkanische Aktivität. Die geologisch ältesten Teile der Insel sind das Anagagebirge im äußersten Nordosten, das Tenogebirge im Nordwesten sowie kleine Gebiete (Bandas del Sur) im äußersten Süden.

Das Essen ist, wenn man es mag, perfekt für Stoffwechselerkrankte: viele Meerestiere – vom Fisch über Shrimps und Muscheln – Obst und Gemüse sind nicht nur schmackhaft zubereitet, sondern auch gut für den Körper. Übrigens führen die meisten Lokale natürlich Lightgetränke und auch Süßstoff für den Kaffee.

Wer sich im Urlaub bewegen will, hat keine Ausrede: kilometerlange Promenaden entlang der Strände, Fußgängerzonen in der Hauptstadt **Santa Cruz** und vor allem auch der berühmte **Loro Parque** machen es wirklich einfach, körperlich aktiv zu sein.

Apropos Loro Parque: das ist eine Art Natur-Disneyland im Norden der Insel in der Stadt Puerto de la Cruz. Dort kann man neben Delphin- und Seehundshows auch Haiaquarien besichtigen, unzählige Papageienarten bestaunen und einen ganzen Tag die Mäander dieser Anlage durchwandern. Keine Angst vor Hypos! Spätestens alle hundert Meter befindet sich ein Stand mit Ess- und Trinkbarem.

In Armenime ist die größte europäische Perlenzucht-Anstalt beheimatet. Auf zehntausenden Quadratmetern werden hier Austern gezüchtet und quasi künstlich „befruchtet“, damit sie Perlen in verschiedenen Farben und Größen produzieren. Über Mitbringsel freuen sich auch bestimmt Daheimgebliebene.

Lanzarote und Teneriffa: Zwei unterschiedliche Inseln, die dennoch eines gemeinsam haben – sie bieten ein wunderbares Ambiente, um neue Kraft für den Körper und den Geist zu tanken.

WICHTIG FÜR MENSCHEN MIT DIABETES

Notrufnummern: 112, Polizei: 09, Rettungsdienst: 061, Feuerwehr: 080

Apotheken („farmacias“) sind durch ein grünes Malteserkreuz gekennzeichnet. Öffnungszeiten: Montag bis Freitag von 9:00–13:00 Uhr und von 16:00–19:30 Uhr. Samstags nur vormittags.

Ärztliche Versorgung:

Die ärztliche Versorgung entspricht internationalem Standard. In den Touristikorten gibt es deutschsprachige Ärzte aller Fachrichtungen.

Ärztezentren:

Puerto de la Cruz, Ärztezentrum Dr. Juan Ruiz Garcia
Plaza del Charco 6, Tel. 922381111 und 922363232

Policlinica Tamaragua, Calle Valois 15, im Zentrum (auch Dialyse), Tel. 922380512

Playa de las Americas, Clinica Las Americas hinter dem Hauptquartier der Guardia Civil (auch Dialyse), Tel. 922750022

Centro Medico del Sur, App. Las Terrazas, 24 Stunden erreichbar, Tel. 922791008

MADEIRA
Wilde Schönheit im Atlantik

Wer mit dem Flugzeug nach Madeira kommt, braucht starke Nerven. In den Flugzeugen wird es beim Anflug auf diese abgelegene Insel im Atlantik meistens sehr still, denn Santa Catarina, der Flughafen auf Madeira, gilt immer noch als einer der schwierigsten in ganz Europa. In einer atemberaubenden Rechtskurve senkt der Pilot die Maschine in Richtung Landebahn, die nur ganze 2.780 m lang ist und auf 180 Stützpfeilern weit ins Meer hinaus ragt.

Das Eiland selbst erkundet man heutzutage am besten mit dem Mietauto. Über das neue Autobahnnetz gelangt man schnell überall hin, jedoch führt ein Großteil durch diverse längere Tunnel, wo man natürlich von der traumhaften Insel nicht viel sieht. Viel schöner ist es, die alten Serpentinen zu „erfahren“ und teilweise hunderte Meter über dem Atlantik auf den engen Bergstraßen das grandiose Panorama zu genießen.

An der Nordküste zeigt sich Madeira von seiner ungestümen, herben Seite. Die Berge fallen steil ins Meer ab und nur an wenigen Stellen haben Menschen genügend Platz gefunden, um Siedlungen zu bauen. Scheinbar am Ende der Welt liegt **Porto Moniz.** Ganz gleich auf welchem Weg man sich diesem Ort nähert, der Blick vom Bergrücken über die rebenbepflanzten Hänge hinunter auf die leuchtend weiße, winzige Siedlung am tobenden Atlantik ist einfach überwältigend. Dass es den Bewohnern dieser Gemeinde dem stetig pfeifenden Wind zum Trotz gelingt, Wein anzubauen, ist symptomatisch für die Beharrlichkeit, mit der Madeiras fruchtbare Böden genutzt werden. In mühevoller Kleinarbeit wurden hier Terrassenfelder angelegt. Schwer haben es auch heute noch die Fischer, deren Boote mit Winden an den Strand gezogen werden, damit sie nicht in der starken Brandung zerschellen.

Ein Geschenk der Natur sind die in Porto Moniz durch stetige Erosion durch Wind und Wasser entstandenen Naturschwimmbecken im Lavagestein, in denen man, von kalten Duschen der atlantischen Brecher überspült, baden kann.

Blumeninsel

Fährt man weiter die Nordküste Richtung Sao Vicente, durch zahlreiche, von den Madeirensern genannten „Autowaschanlagen" (Wasserfälle, die über die Straße ins Meer stürzen), vorbei an von Farn und Efeu überwucherten Felsvorsprüngen, durch abenteuerliche, in den Berg geschlagene Tunnels, kommt man nach **Arco de Sao Jorge.** Dort erwartet einem ein besonderes Sinnerlebnis aus Formen, Farben und Düften: Das Rosarium der Quinta do Arco.

Spätestens hier versteht man, warum Madeira „die Blumeninsel im Atlantik" oder auch „Eiland des ewigen Frühlings" genannt wird. Auf 8.000 Quadratmetern kann man über eintausend verschiedene Rosenarten bestaunen und bewundern. Antike Sorten, die aussehen wie vergilbter Samt. Rosenblüten, so groß wie ein Menschenkopf. Vierfärbige (!) Blüten. Berauschend: ein perfekter Brautstrauß, der komplett aus einem Stamm wächst.

Das Innere Madeiras wird von einem Gebirgsstock dominiert, dessen höchster Gipfel, der **Pico Ruivo** (Rote Spitze), 1.861 m erreicht. Unspektakulär, und auch für ungeübte Wanderer geeignet, ist der Aufstieg. Vom Parkplatz auf der Achada do Teixeira (1.592 m) benötigt man auf gut ausgebauten Wegen zirka eine Stunde zum Gipfel. Um einiges spektakulärer ist dann aber die Aussicht. Ein traumhafter Ausblick in das Zentralmassiv und im Nordosten hinüber bis zur Insel Porto Santo.

Habsburger

Im Süden der Insel vollzieht sich der Übergang vom Gebirge zur Küste etwas sanfter. Deshalb ist dieser Teil Madeiras dichter besiedelt. **Funchal** ist die mit Abstand größte Stadt der Insel und zugleich ihr administratives, kulturelles und wirtschaftliches Zentrum. Bei einem Spaziergang durch die Hauptstadt Madeiras fällt ein erster Blick gleich auf den Boden. In sorgsamster Feinarbeit wurde hier portugiesisches Kopfsteinpflaster in Schwarz und Weiß so angeordnet, dass sich ein wunderschönes Ornamentmuster ergibt. Schon Kaiserin Sissi besuchte 1860 Funchal. Zum einen war es eine Reise zur Genesung ihrer Lungenkrankheit, zum anderen Teil war es auch eine Flucht vom Hofleben der Habsburger. Jahre später kam wieder ein österreichischer Monarch nach Madeira: Kaiser Karl I wurde 1921 auf die Atlantikinsel verbannt und starb hier wenige Monate später. Seine Leiche wurde in der Kirche **do Monte** beigesetzt. In einer Seitenkapelle des Gotteshauses ist der Sarg des letzten Kaisers von Österreich noch heute aufgebahrt.

Bezaubernd sind die zahlreichen Parks und Gärten Funchals mit den vielen Blumen und Pflanzen. Sie liegen meist an exponierter Stelle über dem Meer und an den angrenzenden Hängen wie beispielsweise der „Jar-dim Botânico da Madeira" (Botanischer Garten).

Nirgendwo auf der zum Mutterland Portugal gehörenden Insel ist der traditionelle Einfluss der Briten spürbarer als im vornehmen **Reid's Palace Hotel.** Es wurde nicht nur von einem waschechten Briten, William Reid, 1891 auf einem der schönsten Grundstücke am Rande Funchals gebaut, es hat auch immer schon vorzugsweise den britischen Adel beherbergt. Sir Winston Churchill war ein regelmäßiger Gast, die Herzöge von Kent und Devonshire stiegen hier ab.

Und noch heute kann man sich gut vorstellen, wie die Herrschaften vor der prachtvollen Kulisse des offenen Meeres und der steilen Klippen einander täglich zum Tee trafen, Höflichkeiten austauschten, in butterzarte Gurken-Sandwiches bissen, dazu am feinen Darjeeling nippten und den ewigen Frühling auf Madeira genossen.

WICHTIG FÜR MENSCHEN MIT DIABETES

Notrufnummern:
Nationale Notrufnummer: 112
Polizei: 291 208 400
Krankenhaus: 291 705 600
Rotes Kreuz: 291 741 115
Nationale Auskunft: 118

Apotheken: Man erkennt sie am grünen Kreuz, und man bekommt hier auch so ziemlich alle gebräuchlichen Medikamente. In jedem Stadtteil von Funchal gibt es eine Notdienst-Apotheke, die auch außerhalb der normalen Öffnungszeiten zur Verfügung steht.

Ärzte: Es gibt viele Ärzte, die englisch sprechen und ein paar können sich auch deutsch verständigen. Ihr Hotel wird Ihnen bei Bedarf einen geeigneten Arzt empfehlen können.

Krankenhäuser: Es gibt sehr viele Gesundheitszentren ('Centro de Saúde') auf der Insel Madeira und eines in Porto Santo. Einige davon sind mit Notfalleinrichtungen ausgestattet. Touristen, die Hilfe brauchen, besuchen meist das Krankenhaus ‚Cruz de Carvalho' in Funchal. Eine Auslandskrankenversicherung wird empfohlen, obwohl sich die EU-Staatsangehörigen die medizinischen Kosten zurückerstatten lassen können.

MARROKO

Am Platz der Geköpften in Marrakesch

Es gibt Orte, die unsere Phantasie beflügeln. Oft genügt es schon, den Namen dieser Plätze zu erwähnen, um Träume wach werden zu lassen. Für viele Menschen ist Marrakesch so eine Traumstadt.

Die Sonnenstrahlen erreichen die ersten Stuhlreihen des Cafés. Magere Maultiere traben vorbei. Sie sind vor Karren gespannt und ziehen riesige Ladungen Wollbündel in die Souks. Ein junger Mann schiebt einen zweirädrigen Wagen vor sich her. Er hat Orangen geladen. Ein Schlangenbeschwörer kommt langsam über den Platz, rollt seinen kleinen verblichenen Teppich auf und stellt einen wassergefüllten Blecheimer drauf, in den er die Schlangen steckt, wenn sie zu temperamentvoll werden. Ein paar alte Männer sitzen beisammen, trinken Pfefferminztee und rauchen Kif. Die ersten Touristen schlendern über den Platz. Ein Wasserverkäufer klingelt mit seinem Glöckchen und rückt sich den Fransenhut zurecht. Der Schlangenbeschwörer spannt seinen Sonnenschirm auf und nimmt die Flöte zur Hand. Der **Place Djemaa el Fna,** der „Platz der Geköpften", ist aufgewacht.

Auf Nordafrikas farbigsten Marktplatz geht es zu wie vor tausend Jahren. Hier ist Marokko am marokkanischsten. Der Platz gehört den Einheimischen, die Touristen sind Zierrat. Hier kann man handeln und kaufen, essen und trinken, sich die Haare schneiden oder einen Zahn ziehen lassen. Die meisten Menschen sammeln sich um die „Herrscher des Platzes", die unumstrittenen Helden des Djemmaa el-Fna, die Geschichtenerzähler, die von untreuen Dienern und anderen Scharlatanen erzählen, deren Köpfe abgeschlagen und auf Stangen aufgespießt, hier am Platz zur Schau gestellt wurden, solange bis nur noch der kahle Schädel zu sehen war.

Beim „Café du France“ an der nördlichen Seite des Djemaa el Fna geht es lauter zu. Ein junger Schlepper versucht Touristen zu einer Führung durch die Souks, die Marktgassen der Altstadt, zu überreden. Lautstark und gestikulierend preist er seine Dienste an.

Souks – eine faszinierende Welt

Die Souks von Marrakesch sind die größten des Landes, und ein für Fremde undurchschaubares Labyrinth. Eine faszinierende Welt, die sorgsam gehütet wird. Hunderte von Händler bieten ihre Waren an. Alles was man sich vorstellen kann wird im Gewirr der überdeckten Gässchen, Durchgänge und Gewölbe feilgeboten. Hier die Gewürze, da die *Babouches* (pantoffelartige Schuhe), dort bunte Teppiche und dahinter Keramiken. Wo sich früher der alte Sklavenmarkt befand, auf dem jahrhundertelang schwarze Arbeitskräfte versteigert wurden, haben sich die Gewürzhändler und Quacksalber niedergelassen. Ein Dorado für impotente Mitteleuropäer und Liebhaber exotischer Spezialitäten. In allerlei Tiegeln und Döschen werden Aphrodisiaka, getrocknete Kröten und Echsen, Pfoten und Häute verschiedenster Kreaturen und undefinierbare bunte Pulver angeboten, deren Wirkung man getrost anzweifeln darf. Gewürze, die nach Farbschattierungen angeordnet sind, verleihen dem Viertel einen unverkennbaren Duft.

Ein paar Gassen weiter beginnt das Reich der Schönheit. Vom Berberlippenstift (ein roter Farbstoff, gewonnen aus Läusen), über die Augenschminke *khol* (wird mit einem zugespitzten Stab auf die Augenlieder aufgetragen) bis zum marokkanischen Zahnputzzeug (feine, mit Baumfasern umwickelte Zedernholzstäbchen) – alles ist im Angebot. Matronen mit imposanten Körpermaßen, verhüllt von einem Meer aus Stoff, feilschen mit dem Händler um den Preis. Die Kunst des Handelns beherrscht hier jeder und sollte jeder beherrschen, der in Marokko etwas kaufen oder verkaufen möchte.

Der Souk der Kesselschmiede ist eine Welt für sich. In Kleinst-Werkstätten wird gehämmert und gelötet, gebogen und gefeilt. Hier fertigen Handwerker Kessel, Kerzenständer, Laternen, Tabletts, Teekannen und Vasen an. In einem anderen Souk werden aus Altreifen Gegenstände des täglichen Bedarfs, zum Beispiel Eimer oder Schöpfgefäße für Brunnen, hergestellt. Aber der wirkliche Reiz des Viertels sind die Menschen. Man braucht der arabischen Sprache nicht mächtig zu sein, um sie zu verstehen. Sich im Labyrinth der Gässchen zu verlieren, sich durch das Gewimmel treiben zu lassen, ist sicher die beste Art, diese faszinierende Welt zu erleben.

Märchenerzähler, Schlangenbeschwörer

Gegen Mittag erliegt alles Leben in Marrakesch der Hitze. Die Händler, Hausfrauen und Marktleute erledigen ihre Geschäfte, wenn möglich, schon vor dem Ruf des Muezzins und ziehen sich in die Schatten der Häuser zurück. Erst gegen Abend, wenn die Sonne untergeht und auch die Hitze aus den Gassen mit sich nimmt, erwacht Marrakesch wieder: Menschen strömen aus Ihren Häusern und beleben die Gassen. Die letzten Sonnenstrahlen malen atemberaubende Reflexe und Lichtspiele auf die Dächer und vor allem die **Koutoubia Moschee,** mit ihrem 70 Meter hohem Minarett ein weithin sichtbares Wahrzeichen, wird in majestätisches Licht getaucht.

Am Place Djemmaa el-Fna sammeln sich wieder die Männer um Geschichtenerzähler und Schlangenbeschwörer. Von den durch unzählige Lampen magisch beleuchteten Essensständen wehen verlockende Düfte herüber. Was einem Touristen als Märchen aus Tausendundeiner Nacht erscheint, wird auf dem Djema el Fna jeden Abend Wirklichkeit.

Die UNESCO hat diesen Platz im Mai 2001 in die Liste der Meisterwerke des mündlichen und immateriellen Erbes der Menschheit aufgenommen. Diese Liste wurde von der UNESCO als komplementäres Instrument zu der bekannten Welterbeliste entwickelt.

WICHTIG FÜR MENSCHEN MIT DIABETES

Notrufnummern:

Für Krankentransporte und Notfälle: 15
Polizei: 19
Rotes Kreuz: Platz Djemma El-Fná, Tel.: +212 431 479
Medical Service: 04 40 40 40

Apotheken („Pharmacie") sind in den Städten fast immer gut sortiert (oft westeuropäische, besonders französische Medikamente) und man erkennt sie an einem runden blauen Schild mit einem weißen Halbmond und einem Kreuz. Rezeptpflichtige Medikamente sollten am besten mitgenommen werden.

Pharmacie Central, 166, Av. Mohammed V.
Pharmacie de Paris, 120, Av. Mohammed V.
Pharmacie de la Menara, Pl. Djemaa el Fna
Pharmacie Bab Ftouh, 46, Bab Ftouh

Arztpraxen:

Nur in den Städten. Am Land muss man ins nächste Spital (ärztliche Versorgung meist unzureichend). Auslandskrankenversicherung wird dringend empfohlen.

Krankenhaus:

Ibn Tofail, Rue Abdalhouaheb Derraq, Tel.: +212 444 48 11

Touristeninformation:

Place Abd el-Moumen Ben Ali, Tel. +212 436131, geöffnet: Mo-Fr. 8.30–12.00 Uhr, 14.30–18.30 Uhr im Sommer, im Ramadan 9.00–15.00 Uhr, Samstags 9.00–12.00 Uhr

MOULIN ROUGE

PARIS
Glamour, Amour
und Frivolitäten

Ilé de France: So wird jenes Paris umgebende Gebiet genannt, in dem nicht nur die Kornkammer Frankreichs untergebracht ist und rund zwölf Millionen Menschen leben, sondern das mit seiner Vielfalt an Kultur, Geschichte und Natur verstehen lässt, warum es „Leben wie Gott in Frankreich" heißt.

Im Südosten des Großraums Paris befindet sich das beeindruckende **Schloss Fontainbleau** in illustrer Umgebung. Zahlreiche wohlhabende Adelige verlegten ihre Sommerresidenzen ebenfalls in dieses fruchtbare und wildreiche Land. Fontainbleau (der Brunnen mit schönem Wasser – Belle Eau) ist jenes berühmte Schloss, in dem seit mehr als 500 Jahren Könige von Frankreich im Sommer Hof hielten und auf dessen Stufen in Hufeisenform Napoleon I. abdankte. Unzählige Anekdoten und Geschichten beherbergt dieses Schloss, dem jeder König seinen eigenen Baustil in irgendeiner Form aufdrückte.

Rund um eine Kapelle in **Milly la Foret,** die von Jean Cocteau künstlerisch gestaltet wurde und in der er seine letzte Ruhestätte fand, ist ein kleiner Kräutergarten angelegt. Im Inneren der Kapelle hört man auf Knopfdruck die Stimme von Cocteaus Geliebtem Jean Marais, der bis in alle Ewigkeit seinen Nachruf auf seinen Freund wiederholt. Nur wenige Meter weiter findet sich das französische Institut für Heilpflanzen. Rund 1200 verschiedene Heilpflanzen wachsen hier und stellen so etwas wie ein lebendes Museum für Grünzeug dar.

Das nächste Highlight in der Region L´Essone ist der Besuch im **Chateau de Courances**. In dem 75 Hektar großen Schlossgarten sprudeln vierzehn Quellen, die insgesamt siebzehn Wasserbecken füllen. An zwei Tagen in der Woche öffnet die Familie ihren Privatbesitz, um die jährlichen Kosten der Erhaltung dieser Pracht von ca. 300.000 Euro wenigstens zur Hälfte durch Eintrittsgelder und Souvenirverkauf abzudecken. Auch eine Frivolität: Die andere Hälfte der Kosten wird von der Familie mit Bankgeschäften und

Beteiligungen aller Art abgedeckt, der französische Staat unternimmt nichts, um solche privaten Schlösser zu erhalten.

Und dann Paris! Das ist genau wie im Film – ob man nun zum ersten Mal hierher kommt oder schon acht Mal da war. Erstaunlich, wie sehr die Klischees der Wirklichkeit entsprechen. Oder entspricht die Wirklichkeit den Klischees? Egal, traumhaft ist die Stadt allemal.

Paris um neun Uhr morgens. Bürofeine Frauen und Männer flanieren vorbei, schulfeine kleine Kinder an der Hand. Auf zwei Stühlen am Nebentisch nehmen ein alter Herr und sein weißes Hündchen Platz. Schlag zehn Uhr fängt der Springbrunnen an zu sprudeln. Dann betreten drei Männer in Froschgrün die Szene, die Stadtreinigung. Der Hochdruckreiniger spritzt den Unrat der Nacht weg.

Jeder ist schön in Paris. Glamour & Amour haben die Pariser zu ihrem Eigentum erklärt. Der Eiffelturm, der Louvre, die Champs Elysées. Frühling in Paris. Ein Spaziergang entlang der Seine enthüllt die einzigartige Eleganz der leuchtend weißen Architektur.

Okay, erst mal ein bisschen warmlaufen. Zum Markt an der **Place Monge** Käse, Obst, Brot kaufen. Dann an der Seine ein Picknick am Quai mit Blick auf Notre-Dame. Sitzen. Schauen. Nebenan lehnt ein Pärchen an der Mauer, er hat tatsächlich eine Gauloise im Mundwinkel und spielt Gitarre. Glocken läuten, Tauben gurren, Boote brummen, ein Saxophon spielt „Petite fleur“.

Jedes Mal wieder ist man irritiert, wie sehr die Paris-Klischees der Wirklichkeit entsprechen. Es ist keine Inszenierung für die Touristen – das alltägliche Pariser Leben, es sieht tatsächlich fast überall genauso aus wie in „Amélie", wie auf den Schwarzweiß-Fotografien aus den 40er und 50er Jahren. Die kleinen Buben, die auf den Wasserbassins im Jardin du Luxembourg ihre Boote fahren lassen. Die alte Dame auf der Seine-Brücke, die zwei winzige Hunde in einem Louis-Vuitton-Täschchen spazieren trägt. Von einem Hausboot dröhnen die Akkordeon-Klänge und das rollende „Parrrris" von Edith Piaf aus den Lautsprechern an Deck.

In den unzähligen Boulevard-Cafés und Clubs hängt die Pariser Szene herum. Hunger. Ab in die Métro, Haltestelle St. Michel. Und tatsächlich, in der rue Saint-André-des-Arts gibt es noch immer diese Crêperie, in der man sich vorzüglich durch die Karte essen kann. Erst eine Galette mit Tomaten, Mozzarella und Oliven, dann vielleicht ein Crêpe mit Salat und Ziegenkäse, als Dessert eine mit Bananen und Schokolade, oder doch lieber mit Aprikosengelee flambiert?

In Paris hat sich nicht viel verändert. Diese Stadt ist sich treu geblieben. Vor „Berthillon" auf der Ile-Saint-Louis stehen die Menschen noch immer Schlange für das beste Eis in der Stadt und das, obwohl sich ganz in der Nähe ein Häagen-Dazs breit macht.

Franzosen lassen sich ihre Gaumenfreuden einiges kosten. In ihrer Hauptstadt ist die Auswahl schier grenzenlos und vor allem international. Feinschmecker geben in Luxusrestaurants für ein Menü schon mal einige hundert Euro aus und reservieren, wie für das von der Österreicherin Gerlinde Faugeron geführte **Faugeron**, sogar Monate im Voraus.

Und auch in Zukunft werden Generationen von Besuchern dem Glöckner von Notre-Dame folgen, stille Tage in Clichy verbringen, die Geheimnisse von Paris aufspüren oder in Pigalle in einer Mausefalle landen.

WICHTIG FÜR MENSCHEN MIT DIABETES

Notrufnummern: 112 oder Polizei: 17, Feuerwehr: 18, Unfallrettung / Ambulanz: 15

Apotheken erkennt man am grünen Kreuz über der Tür. Rund um die Uhr geöffnete Apotheken:
Pharmacie Dèrthy, 84, av. des Champs-Elysèes (8e), Metro-Station: George-V. Tel.: +33 1 45 62 02 41;
Pharmacie des Champs, 84 avenue des Champs Elysées 75008 Paris, Métro: Georges V, Tel.: +33 1 45 62 02 41;
Pharmacie Européenne, Place de Clichy 75009 Paris, Métro: Place de Clichy, Tel.: +33 1 48 74 65 18

Krankenhäuser bieten einen 24-Stunden-Notdienst. Die Behandlungskosten sind sofort zu bezahlen.
Englischsprechende Krankenhäuser: The American Hospital in Paris, 63 bd Victor Hugo Neuilly-sur-Seine, Métro: Anatole France/Pont de Levallois, Tel.: +33 1 46 41 25 25
The Hertford British Hospital, 3, rue Barbès Levallois-Perret, Métro:, Anatole France, Tel.: +33 1 46 39 22 22

Association Française des Diabétiques,
88 Rue de la Roquette, 75011 Paris, Tel.: +33 1 40 09 24 25

Österreichische Botschaft: 6 Rue Fabert, 75007 Paris, Tel: +33 1 406 330 63, Tel: +33 1 406 330 90 (Konsularabteilung)

ROM

Alle Wege führen in die ewige Stadt

Rom hat wirklich viel zu bieten, und Touristen, die alle Sehenswürdigkeiten besichtigen möchten, müssen die italienische Hauptstadt mehr als einmal besuchen. Kein Problem: Rom wird nicht umsonst die „ewige Stadt" genannt.

So lohnt sich beispielsweise immer ein Ausflug nach **Trastevere**, eines der Arbeiterviertel im alten Rom. Viele alte Wohngebäude und enge Gassen machen diesen alten Stadtteil, der etwas entlegen vom Zentrum Roms auf der anderen Tiberseite liegt, zum Magneten für Touristen und Fotografen. Sehr schöne, alte Kirchengebäude wie Santa Maria in Trastevere, Santa Cecilia in Trastevere und San Francesco a Ripa sind dort zu finden. Mittlerweile ist der Stadtteil jedoch hauptsächlich für seine netten Restaurants und seine hübschen kleinen Cafés bekannt.

Das **Kolosseum** wurde zwischen 72 und 80 n. Chr. erbaut und ist das bekannteste Wahrzeichen Roms. Hier wurden die blutigen Gladiatorenkämpfe zum Gaudium des Publikums veranstaltet. Das Amphitheatrum **Flavium** (erst später umbenannt in Kolosseum) ist das größte antike Amphitheater der Welt. Von dort geht es weiter durch das **Forum Romanum**, das zu Zeiten des römischen Reiches als Zentrum des gesellschaftlichen, wirtschaftlichen, kulturellen und religiösen Lebens und vor allem der politischen Macht galt.

Der **Campo de Fiori** (Platz der Blumen) ist einer der wenigen Plätze in Rom, auf dem keine Kirche zu finden ist. Dafür steht in der Mitte eine Statue des Philosophen Giordano Bruno, der dort im Jahr 1600 als Ketzer verbrannt worden ist. Das Denkmal wurde durch den Freimaurer-Großmeister und Bildhauer Ettore Ferrari geschaffen und die Enthüllung war eine Reaktion auf die am

20. April 1884 veröffentlichte Enzyklika des Papstes Leo XIII., in der die Freimaurerei als Zerstörerin des Gottesreichs dargestellt wurde. Heute findet man dort untertags einen entzückenden Obst- und Gemüsemarkt, abends sind dort die meisten Bars und Lokale für Studenten.

Wohl auf jedem Besichtungsprogramm steht ein Besuch im **Petersdom**. San Pietro in Vaticano ist die Grabeskirche des Apostel Simon Petrus, und damit weit mehr als ein Dom. Hier finden 60.000 Personen im Inneren der Kirche Platz. Die Kuppel ist das weltweit größte freitragende Bauwerk aus Ziegeln. Schafft man die 537 Stufen, um die Kuppel zu erreichen, so hat man einen hervorragenden Blick über den Vatikan und über Rom. Der Hauptaltar steht über dem Grab von Petrus, drum herum sind fünf Nationalkapellen angeordnet, die die räumliche und geistige Mitte bilden. Und die Vatikanischen Museen mit ihren unschätzbaren Kunstwerken sowie die Sixtinische Kapelle sind ein ebenfalls absolutes Must.

Drei Münzen im Brunnen

Der schmalzige Hollywood-Hit aus dem gleichnamigen Film von anno dazumal kommt einem automatisch in den Sinn, wenn man vor dem **Trevi-Brunnen** steht. Hier haben Anita Eckberg und Marcello Mastroianni gebadet, als sie für Federico Fellinis Meisterwerk „La Dolce Vita“ vor der Kamera standen. Das barocke Bauwerk steht am Ende des Aquädukts Aqua Vergine, das das antike Rom mit Wasser versorgte. Der Brunnen im Stadtteil Trevi ist nach dem Vorbild einer Bühne gebaut. Der Legende nach bringt es Glück, wenn man mehrere Münzen auf einmal über die rechte Schulter in den Trevi Brunnen wirft. Wirft man nur eine

einzige Münze, so wird man nach Rom zurückkehren. Wirft man zwei Münzen, dann wird man sich in einen Italiener oder eine Italienerin verlieben. Wirft man am Ende noch eine dritte Münze, so wird man seinen Liebsten oder seine Liebste heiraten. Die vielen Münzen, die im Brunnen landen, bringen der Stadtregierung jährlich mehr als 200.000 Euro ein.

Ein weiteres Rom-Highlight ist die **Spanische Treppe**, die in Rom Scalinata di Trinità dei Monti heißt. Der deutsche Name leitet sich von der Piazza di Spagna ab, die am Fuß der Treppe liegt. Zwischen der Kirche Santa Tinità die Monti und der Piazza di Spagna befand sich zu Zeiten von Papst Innozens XIII im mittlerweile gut bebauten Stadtgebiet ein wild bewachsener Hang. Es war der Wille des Papstes, dass hier eine Treppe gebaut werden soll.

Von Kaisern und Päpsten

Weitere Highlights der ewigen Stadt: Das **Pantheon**, das 125 nach Christus erbaut wurde und zu den ältesten Betonbauwerken der ganzen Welt zählt. Oder der **Piazza del Popolo**, auf dem sich zwei fast identische Kirchen gegenüber stehen. Damit die Zwillingskirchen nicht allzu ungleich wirken, bekam die linke Kirche eine elliptische Kuppel und die rechte eine runde Kuppel. Im Zentrum der Piazza steht der etwa 3.300 Jahre alte und mehr als 36 Meter hohe Obelisk „Flaminio", der von Kaiser Augustus nach Rom gebracht und zunächst auf dem Circus Maximus aufgestellt wurde. Das eigentliche Juwel des Platzes ist die kleine Kirche **Santa Maria del Popolo**. Viele der wichtigen Werke von Caravaggio können hier besichtigt werden. Oder die **Trajanssäule**, die 113 nach

Christus von Kaiser Trajan errichtet wurde. 1587 ließ hier Papst Sixtus V. eine Statue des Apostels Paulus drauf setzen, die noch heute hier thront.

Interessierten Touristen werden wohl, wenn schon nicht alle, sicher noch viele weitere Wege nach Rom führen.

WICHTIG FÜR MENSCHEN MIT DIABETES

Notrufnummern: EU-Notruf: 112 oder Polizei: 113, Feuerwehr: 115, Rettungsdienst: 118

Apotheken: Die meisten Apotheken haben morgens von 8.30 Uhr bis 12.30 Uhr und nachmittags 15.30 Uhr bis 19.30 Uhr geöffnet und führen auch Produkte für Diabetiker. Die Preise für die einzelnen Medikamente werden vom Staat nicht festgelegt. Deshalb variieren diese sehr stark, was hauptsächlich von den verschiedenen Marken abhängt. Außerdem erhalten Sie in Italien viele Medikamente, die in anderen Ländern verschreibungspflichtig sind, ohne Rezept. Wenn man krankenversichert sind, muss ein Teil der der Kosten für verschreibungspflichtige Medikamente bezahlt werden, je nachdem welcher „Gruppe" man angehört. Für Insulin zahlt man zum Beispiel 10% des regulären Preises. Als Tourist sollte man seinen Arzt nach dem internationalen Namen und nach dem Wirkstoff des Medikaments fragen, da es die meisten Medikamente in Italien unter anderem Namen gibt.

24-Stunden-Dienst: Farmacia Internazionale, Piazza Barberini 49 (Center), Tel.: +39 06 4825456, Farmacia Lippi, Via Arenula 73 (Center), Tel.: +39 06 68803278

Internationales Krankenhaus:
Aurelia Hospital (englischsprachige Ärzte), Via Aurelia 860, Rom. Tel: +39 06 66418607 / +39 06 66419050

Österreichische Botschaft: Via Pergolesi 3, I-00198 Rom, Tel.: +39 06 844 014-1, +39 06 844 014-227

THAILAND
Ko Chang:
Auf der Insel
der Elefanten

Es sind etwa fünf Stunden oder etwa 400 Kilometer, die den Besucher Bangkoks von einer der schönsten Insel Thailands trennen. **Ko Chang** liegt im Südosten an der kambodschanischen Grenze und ist nach Phuket die größte Insel des Königreiches. Die zum Großteil noch sehr ursprünglichen Buchten und der gemütliche Lebensstil der Insel machen Ko Chang (Ko heißt Insel und Chang ist das Thai-Wort für Elefant) zu einem Reiseziel für jene, die nach einem idyllischen tropischen Inselparadies fern vom Trubel der Hochburgen des Tourismus suchen. Wandern oder Radfahren ist die beste Art, diese nur teilweise von touristischer Infrastruktur erschlossene Insel und ihre Naturschönheiten kennenzulernen.

Um gleich klarzustellen: die Elefanten, die heute auf der Insel zu finden sind, werden im Tourismus eingesetzt und ihre Vorfahren sind – so wie heute die Besucher – per Fähre auf die Insel verschifft worden. Das Eiland hat seinen Namen von seiner Form, die mehr oder weniger einem Elefantenkopf ähnelt. Dennoch: in Sachen Naturschönheiten hat Ko Chang einiges zu bieten. Mehr als zwei Drittel der Landesfläche im Inneren sind nahezu unberührter Regenwald, der in Form eines Nationalparks von der thailändischen Regierung geschützt wird.

Zum Nationalpark gehören auch die Korallenbänke und Riffe, die sich im kilometerweiten Umkreis von Ko Chang und den benachbarten Inseln befinden. Diese Unterwasser-Landschaften locken immer mehr Schnorchler und Taucher an, die in bunten kleinen Schiffen von Ban Bang Bao aus täglich auslaufen. Der Weg zu den Schinakeln ist freilich mit Hindernissen aller Art gespickt. Seidentücher, Hängematten, T-Shirts und Folklorekunst von apart bis kitschig flankieren den befestigten Bootssteg, der den einzig möglichen Zu- und Abgang von den Booten darstellt. Zwischen den Verkaufslokalen lockt aber auch das eine oder andere Fischrestaurant mit frischen Köstlichkeiten wie Langusten, Königsshrimps und ungewöhnlich großen Felsenaustern, die alle tatsächlich am selben Tag aus dem Meer geholt wurden. Wen wundert es, dass man dort hängen bleibt.

Gegrillte Heuschrecken, geröstete Maden

Dabei hat Ko Chang auch andere Attraktionen anzubieten. Zum Beispiel zwei tadellose (Frisch-)Wasserfälle, deren kühles Nass zumindest auf der Ostseite auch für ein erfrischendes Bad genutzt werden kann. Oder der heimische Markt – unverkennbar an seinen blauen Zelten – direkt an der westlichen Hauptstraße gelegen. Neben mehr oder weniger brauchbaren, aber in jedem Fall preiswerten Produkten hat man dort die einmalige Gelegenheit, sich durch gegrillte Heuschrecken, geröstete Maden und gratinierte Frösche zu kosten. Einen reizvollen Ausflug kann man auch fast bis ans andere östliche Ende nach Ko Chang Tai unternehmen. Dort kann man nicht nur gummiartig schmeckende Schnecken probieren, sondern auch – es lebe der Sport – mit Kanus durch Mangrovenwälder paddeln.

In Ko Chang lebt man – so man sich nicht in einer der großen Anlagen einbunkert – tatsächlich sehr nahe bei und mit der Natur. In kleinen Strandhütten wachen Geckos darüber, dass sich die Moskitos nicht zu stark vermehren. Am Straßenrand sitzen mitunter Affen und betteln um Futter.

Per Sammeltaxi oder Moped von Nord nach Süd

In Ko Chang – einst als Backpacker-Paradies bekannt – gibt es auch heute noch keine Möglichkeit, die Insel mit einem rollenden Gefährt zu umrunden. Ganz im Süden gibt es keine Querverbindung von der West- zur Ostseite. Die meisten Besucher benutzen Sammeltaxis, deren Preis man vor Fahrtantritt vereinbaren sollte. Individualisten borgen gerne Mopeds aus. Dabei sollte vor der Übernahme der Zustand des Gefährts genau kontrolliert werden. Nicht immer entspricht er unserem Sicherheitsbedürfnis und außerdem sollte man etwaige Mängel bereits bei Mietbeginn feststellen, um nachher nicht zur Kasse gebeten zu werden. Witziges Detail: das Mopedbenzin wird teilweise aus Literflaschen am Straßenrand verkauft.

Von Nord nach Süd verlaufen die Ortschaften **Haad Sai Khao** (White Sand Beach) im Norden der Westküste. Hier befinden sich die meisten Hotels und Guest Houses. Die Bandbreite reicht von Vier-Sterne-Anlagen bis zu einfachsten Unterkünften ohne Klimaanlage. Der Strand des Orts ist sauber und sicher. Belästigungen durch Verkäufer u. ä. sind für thailändische Verhältnisse relativ selten.

Neben **White Sand Beach** ist weiter südlich **Klong Phrao** als Touristenort zu nennen. Klong Phrao ist wesentlich kleiner und ruhiger als White Sand Beach. Anschließend folgt weiter südlich der Ort **Kai Bae**, eine gute Mischung aus Komfort und Massentourismus. Noch weiter südlich ist dann Lonely Beach, der beste Strand auf der Insel und das einzige Backpacker Überbleibsel das es noch gibt auf der Insel.

Bangkok

Die 7-Millionenmetropole ist ein wahres Einkaufsparadies. Von gefälschten Uhren, CDs und DVDs bis hin zum maßgeschneiderten Anzug um ca. 300 Euro ist alles zu haben. Mit der Hochbahn Skytrain kann man der gewaltigen Verkehrshölle etwas entkommen. Wer ein Tuktuk zur Fortbewegung wählt, sollte vorher den Preis verhandeln. An allen Ecken werden Massagen angeboten, die weit mehr bieten und erstmals versteht der Reisende auch das Wort des Jahres 2009 „fremdschämen“. Zu widerwärtig sind die dicken alten Männer, die sich hier mit blutjungen Thaimädchen um ein besseres Trinkgeld vergnügen. Doch wirklich traditionell-gesundheitliche Massagen gibt es natürlich auch. Und das Essen ist hier wie überall in Thailand köstlich und besteht aus vielen Meeresfrüchten und Gemüse. Trotz allem ist auch hier Diabetes aufgrund der vielen Junk-Food-Ketten eine der am schnellsten wachsenden Erkrankungen.

WICHTIG FÜR MENSCHEN MIT DIABETES

Notrufnummern:
Med. Notfall: 1669, Touristenpolizei: 1155, 1699.

Krankenwagen Ruf: +66 2310-2356
Flugdienst: +66 2755-1777, Fax +66 2755-1778, Helicopter-Dienst, Medical Escort Services.

Apotheken (Pharmacy) führen alle gängigen oralen Antidiabetika, Insulin gibt es nur in den Spitälern, Spritzen und Nadeln aufgrund der weit verbreiteten Drogensucht nur gegen ärztliche Verschreibung.

Krankenhäuser Ko Chang: Auf Koh Chang gibt es in einigen Ortschaften kleine, aber gut ausgestattete Krankenstationen, die meist von gut ausgebildetem Fachpersonal betreut werden. Alle Krankenstationen und das Krankenhaus liegen direkt an der Hauptstraße, immer Richtung Landesinnere. Die Rechnung sollte bar in Baht bezahlt werden.

Krankenhaus Bangkok: Bangkok General Hospital, auch deutschsprachige Ärzte, 2 Soi Soonvijai 7 New Petchburi Rd. Bangkok 10320, Tel. +66 3210-3000,, Notruf: +66 2310-3344

Österreichische Botschaft: 14, Soi Nandha, off Soi 1, Sathorn Tai Road, Bangkok 10120, Telefon: +66 2303-6257, +66 2303-62 58

TC-BST

TÜRKEI

Kappadokien: Ein Kunstwerk der Natur

Als der französische Forscher Paul Lucas 1712 von einer Reise nach „Natolia“ zurückkehrte, berichtete er: „Ich bin schon weit gereist, aber etwas Ähnliches habe ich noch nie gesehen. Tausende von Felspyramiden, manche sehen aus wie Hüte, manche wie kniende Frauen, nackt und in anzüglichen Posen.“ Sonnenkönig Ludwig XIV., der ihn geschickt hatte, strich ihm wegen dieser unglaublichen Schilderungen erstmal alle künftigen Reisespesen. Doch Lucas hatte mit seiner Vermutung recht: Die Felsenlandschaft Kappadokiens ist wirklich einmalig.

Schon früh siedelten Menschen in dieser mystischen Region, die sich zwar durch besondere Fruchtbarkeit auszeichnete, jedoch als schroff und gefährlich galt. Hier lebten die „rohesten Menschen auf Erden“, heißt es in der Bibel, in der Antike galten die Bewohner als wild und unberechenbar: Der Name der Region geht vermutlich auf das persische „Katpadukya“ zurück – das „Land der schönen Pferde“.

Vor einigen Millionen Jahren brodelte die Erde zwischen den heutigen Städten Kayseri, Aksaray und Nigde in Zentralanatolien (ca. 550 km nordöstlich von Antalya). Bis ins zweite Jahrtausend vor Christus hinein überzogen die Vulkane Erciyes und Hasan das Land mit Lava und Tuffasche. Der Auswurf verdichtete sich über Jahrhunderte zu Gestein unterschiedlicher Härtegrade. Nachdem die Vulkane erloschen waren, nahmen Wind und Wasser ihre Arbeit auf. Regenfälle und Flussläufe wuschen die Felsen aus, gruben sich in die unteren, weichen Gesteinsschichten, ließen die härteren stehen und schufen so die Mützenberge und Riesenpilze. Die Türken nennen sie getreu ihres märchenhaften Aussehens peri bacalar, „Feenkamine“.

Das organische Gesamtkunstwerk ist noch heute nicht fertig. Der Reisende merkt das vor allem an dem Staub, der ständig seine Schuhe füllt. Vorausgesetzt, er läuft. Die meisten, die nach Kappadokien kommen, fahren. Mit großen und kleinen Bussen reisen sie durch dieses nur 95 Quadratkilometer große Gebiet, von einem Aussichtspunkt zum nächsten, um das seit 1985 von der UNESCO ausgewiesene Natur- und Kulturerbe zu bestaunen.

Die Menschen, die hier wohnen, haben die Landschaft Kappadokiens geformt, untergraben und ausgehöhlt. Bis in die fünfziger Jahre waren die Felsen ihre Behausungen. Im Sommer bleiben die Wohnhöhlen angenehm kühl, in den frostigen Wintern des anatolischen Hochlands hält der Berg die Temperatur bei 10 bis 15 Grad.

Die unterirdischen Städte in der Region zählen zu den herausragenden Sehenswürdigkeiten der Türkei. Einige Archäologen datieren ihre Entstehung in die Zeit der Hethiter vor 4000 Jahren, doch erst christliche Bewohner gaben ihnen ihre heutige Form. Zum Schutz vor Überfällen persischer und arabischer Heere sowie vor byzantinischen Bilderstürmern verkrochen sie sich vermutlich zwischen dem 6. und 10. Jahrhundert im wahrsten Sinne unter die Erde und schlugen über 30 dunkle Städte aus dem Fels.

Allein in der größten und eindrucksvollsten dieser Behausungen, unter dem Dorf **Derinkuyu** gelegen, konnten sich mehrere tausend Menschen bis zu sechs Monate lang verstecken und ihrem Alltagsleben nachgehen. Dank Zisternen und einem ausgeklügelten System von Belüftungsschächten, das bis auf den heutigen Tag funktioniert, wurden Mensch und Vieh mit Wasser und Luft versorgt. Es entstanden Räume, die mit Treppen und Gängen verbunden wurden. Im Licht von Fackeln und Öllampen entstand so ein einmaliges Wunderwerk der Menschheit. Die Archäologen haben bis heute erst ca. 10 Etagen freilegen können. Vermutungen lassen darauf schließen, dass hier einst 16.000 bis 20.000 Menschen in einer unterirdischen Stadt mit 20 Etagen gelebt haben könnten.

Ballonfahren ist sicherlich einer der Höhepunkt einer Kappadokien-Reise. Nirgends hat man eine eindrucksvollere Kulisse für eine solche Fahrt und es gibt sicher keine bessere Möglichkeit, diese Landschaft zu bestaunen. Heute bestaunen 600.000 Touristen im Jahr die Stein gewordene Wunderwelt, dennoch ist Kappadokien immer noch ein Geheimtipp. Auch Regisseur George Lucas kam hierher, um Teile seines Fantasy-Abenteuers „Krieg der Sterne" zu drehen. Diese bizarre Landschaft, einer der faszinierendsten Regionen der Welt, kann man, ohne sie gesehen zu haben, nicht verstehen. Und kann sie nie wieder vergessen, wenn man sie gesehen hatte.

Göreme

Das Areal aus der Blütezeit des Byzantinischen Reiches diente den Mönchsgemeinschaften des frühen Mittelalters als Wirkungsstätte. In den Felswänden und freistehenden Kegeln entstanden zahlreiche Kirchen und 4 Klosteranlagen, deren Architektur und Ausmalung einzigartig sind und die von der UNESCO auf die Liste des Weltkulturerbes gesetzt wurden.

Zelve

Wann in der drei Täler umfassenden Ruinenstätte Zelve das Höhlenleben in den Felsen begonnen hat, ist unbekannt. In dem bis 1952 besiedelten Tal befinden sich außer den Felsenkirchen und -kapellen noch Felsenwohnungen, eine Windmühle, eine Moschee und Taubenschläge.

Uçhisar

Von hier aus hat man einen wunderbaren Blick auf das Uçhisar-Tal und die Umgebung. Von der Spitze des Burgbergs von Uçhisar bietet sich ein grandioses Panorama und man kann bis hin zum fast 4.000 m hohen erloschenen Vulkan Erciyes blicken.

Derinkuyu

Im Jahre 1963 wurde diese unterirdische Stadt mit acht Stockwerken entdeckt, in der sich bei Gefahr 20.000 Menschen in den Kirchen und Tunnels vor Feinden schützen konnte. Ein 9 km langer Tunnel verbindet Derinkuyu mit einer weiteren unterirdischen Stadt, Kaymakl y.

WICHTIG FÜR MENSCHEN MIT DIABETES

Die Krankenversorgung in der Türkei ist gut. Die medizinische Versorgung auf dem Land ist allerdings meist mit Europa nicht zu vergleichen. Zahlreiche türkische Ärzte und Zahnärzte, vor allem in den großen Krankenhäusern, sprechen eine Fremdsprache. Eine individuelle Reiseapotheke sollte mitgenommen und unterwegs den Temperaturen entsprechend gekühlt werden.

Notrufnummern:
Notarzt: 112 Polizei: 155 Feuerwehr: 110

Apotheken (Eczane):
In der Regel gibt es in der Türkei keine Schwierigkeiten, die gewünschten Medikamente zu bekommen. Wenn das jeweilige Medikament nicht vorrätig ist, wird es bestellt. Während die Apotheken in größeren Städten zum Teil 24 Stunden geöffnet sind, haben in kleineren Städten Apotheker auf Abruf (nöbetçi eczane) geöffnet.

Staatliches Krankenhaus Antalya: +90 242 338 5353
Universitätsklinik Antalya: +90 242 227 4343

Intern. Dialysezentrum Belek (bei Antalya), Tel.: +90 533 496 1403, Orta Mah. 1249, Sk. No. 3, Internet: www.side-manavgat.de/infos_d.php?_ID=55, www.belekdiyaliz.com

Honorarkonsul Österreich in Antalya:
+90 242 352 2200

ZYPERN

Götterinsel & Kaisergeschenk

Der griechischen Göttersage nach soll an ihren Ufern einst Aphrodite, die Göttin der Liebe und der Schönheit, schaumgeboren worden sein. Vor rund 2000 Jahren wurde Zypern im Abstand von ein paar Jahren von zwei verschiedenen Kaisern der göttlichen Königin Cleopatra geschenkt. Die hat die Insel freilich nie betreten. Was sicher ein großer Fehler war.

Die Straßen auf der Insel sind ausgezeichnet ausgebaut und durchaus als Autobahnen zu akzeptieren – gewöhnungsbedürftig ist nur der Linksverkehr: Man greift halt ab und zu ins Leere, wenn der Schaltknüppel nicht an der gewohnten rechten Stelle, sondern links ist. Und man wundert sich, wenn im vorausfahrenden Auto an der üblichen Stelle kein Fahrer zu entdecken ist. Ach ja, der sitzt ja auch – wie man selbst – rechts vorne.

Etwas außerhalb der Touristenmeile von Paphos – etwa 140 Kilometer westlich vom Flughafen entfernt – heißt fast alles nach der früher offensichtlich beeindruckenden Korallenbucht. Coral Bay Resort, Coral Bay Bar, Coral Bay Hotel – Korallen, wohin das Auge blickt, aber leider nur der Schriftzug. Zu viele Umweltsünden, wie ins Meer geleitete Abwasserkanäle, haben wahrscheinlich schon vor Jahrzehnten die letzte Koralle zerbröseln lassen.

Jetzt freilich wird man sich auch in Zypern an die strengen Umweltgesetze der Europäischen Gemeinschaft gewöhnen, denn die Insel ist seit Mai vergangenen Jahres Mitglied der EU und seit 1. Jänner 2008 hat man auch den Euro als Währung.

Wer touristisches buntes Treiben sucht, ist an den Stränden, Ressorts, Hotels und Angeboten der Südküste bestens bedient. Wer andererseits unberührte Natur und Stille sucht, wird im Norden wahrscheinlich eher fündig werden. Zypern hat ja auch bis zu knapp 2000 Meter hohe Berge. Dort ernähren sich Schafe und Ziegen fast ausschließlich von fantastischen wilden Kräutern und wer sich die Mühe macht, ein solch abgelegenes Dorf in den Bergen aufzusuchen, wird im örtlichen Wirtshaus mit einem Ziegenbraten belohnt, der unvergleichlich schmeckt und so wahrscheinlich nur selten irgendwo zu haben sein wird.

Andererseits hat man die Berge Zyperns auch als Schiressort erschlossen und es ist tatsächlich möglich, zwei Monate im Jahr dort oben unter Verwendung von insgesamt vier Schiliften über die Hänge zu schwingen.

Bad des Adonis

In den Bergen über Paphos gelangt man über eine relativ holprige Schotterstraße zum Bad des Adonis. Der Eintritt kostet vier Euro. Das Bad entpuppt sich als echtes Geschenk der Götter: ein knapp 20 Meter im Durchmesser und sechs Meter tiefer Teich, in den sich aus fünf Meter Höhe ein Wasserfall ergießt. Wilde, ursprüngliche Natur. Im Sommer stürzen sich hier Tollkühne ins kühle Nass, weniger Mutige können sich an einem Seil, das an uralten Platanen befestigt ist, wie Tarzan übers Wasser schwingen und sich dann gefahrlos fallen lassen. Das Bad gilt auch als Stätte der Fruchtbarkeit: Zahlreiche Frauen schwören, dass sie nach dem Baden schwanger wurden.

Eine weitere Attraktion Zyperns sind die „Königsgräber", obwohl dort nachweislich nie Könige, sondern hohe Beamte, Reiche oder auch Priester begraben wurden. Trotzdem ist die Totenstadt mit ihren Wohnhäusern, Patien und verschiedenen Stilen faszinierend.

Vor allem mit einem deutschsprachigen Guide kann hier sehr viel über Geschichte gelernt werden. Erfreulich: es sind einige sehr gut informierte österreichische Historiker als Fremdenführer im Einsatz.

Die Städte **Nicosia** und **Larnaca** näher zu betrachten lohnt sich allemal. In beiden fällt auf, dass schon einige EU-geförderte Projekte das Stadtbild beherrschen. In Nicosia hat man die alte Agora ziemlich verfallen lassen, und dafür moderne Shoppingcenters neben die ebenso modernen Häfen gebaut. Die alten wehrhaften Forts werden noch als Museen genutzt, aber um die alten Markthallen ist es tatsächlich sehr schade. In Larnaca hat man eine teure Promenade mit Springbrunnen und Bogenlampen an den Strand gebaut. Den Jachtbesitzer in der benachbarten Marina freut es, aber das alte Markt- und Hafenviertel verfällt dafür schön langsam.

Surfen, Wandern und Schifahren

Fazit: Zypern ist die größte griechisch beeinflusste Insel, mit einer unglaublichen Vielfalt an Fauna und Flora, auf der es jede Menge Möglichkeiten für Sport und körperliche Betätigung gibt – vom Surfen über Wandern und Radfahren bis hin zum Schifahren. Durch die geographische Lage (Naher Osten und Afrika) sehr mildes Klima, das sogar in unserer Wintersaison maximal ein wenig Regen und Wind, aber auch täglich Sonne bringt (350 Sonnentage im Jahr). Wer den touristisch mehr als erschlossenen Süden mit unzähligen unfertigen Ferienhäusern, Ressorts oder Wohnungen nicht will, sollte sich unbedingt in den Norden begeben. Dort gibt es noch ein Urlaubserlebnis wie vor drei oder vier Jahrzehnten.

Notrufnummern: EU-Notruf: 112, oder Rettung, Feuerwehr, Polizei: 112.

Zudem gibt es Servicenummern für jede Region Zyperns, unter denen Sie rund um die Uhr erfragen können, welche Privatärzte Bereitschaftsdienst haben und welche Apotheken im Nachtdienst sind (oder Sie rufen die Auskunft unter 192 an).
Die Servicenummern sind folgende:
Nikosia: 1402 (Notarzt: 1422); Paphos: 1406 (Notarzt: 1426); Limassol: 1405 (Notarzt: 1425); Larnaca: 1404 (Notarzt: 1424).
Die Telefonisten in den Notrufannahmen sprechen Englisch.

Apotheken: Den Apothekern ist ein vergleichsweise großer Handlungsspielraum gewährt. Sie sind berechtigt medizinische Beratungen und Behandlungen bei kleineren Beschwerden durchzuführen. Vorteil für Touristen und Auswanderer: Die Apotheker sprechen in der Regel sehr gutes Englisch.

Alle gängigen Medikamente (orale und natürlich auch Insulin) sind in der gewohnten Qualität erhältlich. Schwierig wird es wie immer bei Blutzucker-Messstreifen, aber das liegt mehr an den Herstellern als am Land. Wie aus vorigen Berichten bekannt, sind etwa griechische Messstreifen nicht mit deutschen Geräten kompatibel und umgekehrt. Aber das wird sich im Verlauf der nächsten Jahrzehnte in der EU möglicherweise auch noch verbessern.

Krankenhäuser: Nicosia General Hospital,
Nechrou Avenue, 1450 Nicosia, Tel.: + 357 22 801 400;
Paphos General Hospital, Anavargos Street, Anavargos,
8062 Paphos, Tel.: + 357 26 803 100;
Larnaca General Hospital, United Staes of America Avenue,
6031 Larnaca, Tel.: + 357 24 800 500.

Österreichische Botschaft: 34, Dimosthenous Severi Avenue, 1st Floor, Office 101, 1080 Nicosia, Postanschrift: P.O.B. 23961, 1687 Nicosia, Tel.: +357 22 41 01 51

Diabetes Dolmetscher

Es empfiehlt sich, bei Auslandsreisen die wichtigsten Begriffe rund um den Diabetes mellitus in der jeweiligen Landessprache zur Hand zu haben.

Der Diabetes Dolmetscher soll Ihnen helfen, sich Ihren Mitmenschen bei Bedarf schnell und unkompliziert mitteilen zu können.

Hier ein paar wichtige Einzelwörter und Sätze in den folgenden 7 SPRACHEN: Englisch, Französisch, Italienisch, Spanisch, Kroatisch, Türkisch, Griechisch.

DEUTSCH	ENGLISCH
EINZELWÖRTER	
Apotheke	pharmacy
Arzt	doctor
Blutzucker	blood glucose/sugar
Blutzuckerstreifen	blood glucose test strips
Diabetes	diabetes
Insulin	insulin
Kohlenhydrate	carbohydrates
Notfall	emergency
Spritze	syringe
Traubenzucker	dextrose
Unterzuckerung	hypoglycaemia
Überzuckerung	hyperglycaemia
zuckerkrank	suffering from diabetes
AUSSAGESÄTZE	
Ich bin Diabetiker!	I am diabetic!
Ich bin zuckerkrank!	I have diabetes!
Ich spritze Insulin!	I inject insulin!
Ich trage eine Insulinpumpe!	I am wearing an insulin pump!
Ich brauche dringend einen Arzt!	I need a doctor urgently!
Ich brauche dringend Insulin!	I need insulin urgently!
Ich habe mein Insulin verloren!	I have lost my insulin!
Ich benötige dringend Tabletten!	I need tablets urgently!
Bitte geben Sie mir schnell Zucker oder eine Cola!	Please give me sugar or a cola drink quickly!
FRAGESÄTZE	
Können Sie mir bitte helfen?	Please can you help me?
Gibt es hier einen Arzt?	Is there a doctor around here?
Wo kann ich Medikamente bekommen?	Where can I get medicines?
Wo ist die nächste Apotheke?	Where is the nearest pharmacy?
Wo ist die nächste Klinik?	Where is the nearest hospital?
Kennen Sie sich aus mit Diabetes?	Do you know anything about diabetes?

DEUTSCH	FRANZÖSISCH
EINZELWÖRTER	
Apotheke	Pharmacie
Arzt	Médecin
Blutzucker	Glucose du sang
Blutzuckerstreifen	Bandelette-test de glucose
Diabetes	Diabète
Insulin	Insuline
Kohlenhydrate	Glucides
Notfall	Urgence
Spritze	Piqûre
Traubenzucker	Glucose/Sucre de raisin
Unterzuckerung	Hypoglycémie
Überzuckerung	Hyperglycémie
zuckerkrank	Diabétique
AUSSAGESÄTZE	
Ich bin Diabetiker!	Je suis diabétique!
Ich bin zuckerkrank!	Je suis diabétique!
Ich spritze Insulin!	Je m'injecte de l'insuline!
Ich trage eine Insulinpumpe!	Je porte une pompe à insuline!
Ich brauche dringend einen Arzt!	J'ai besoin d'un médecin tout de suite!
Ich brauche dringend Insulin!	J'ai un besoin urgent d'insuline!
Ich habe mein Insulin verloren!	J'ai perdu mon insuline!
Ich benötige dringend Tabletten!	J'ai un besoin urgent de comprimés!
Bitte geben Sie mir schnell Zucker oder eine Cola!	Donnez-moi vite du sucre ou un coca-cola!
FRAGESÄTZE	
Können Sie mir bitte helfen?	Pouvez-vous m'aider s'il-vous-plaît?
Gibt es hier einen Arzt?	Y a-t-il ici un médecin?
Wo kann ich Medikamente bekommen?	Où puis-je me procurer des médicaments?
Wo ist die nächste Apotheke?	Où se trouve la pharmacie la plus proche?
Wo ist die nächste Klinik?	Où est la clinique la plus proche?
Kennen Sie sich aus mit Diabetes?	Avez-vous des connaissances sur le diabète?

ITALIENISCH	SPANISCH
farmacia	farmacia
medico	médico
glicemia	azúcar en la sangre
strisce per il controllo della glicemia	tiras reactivas de glucemia
diabete	diabetes
insulina	insulina
carboidrati	hidratos de carbono
emergenza	urgencia
siringa	jeringuilla
glucosio / destrosio	glucosa
ipoglicemia	hipoglucemia
iperglicemia	hiperglucemia
diabetico	diabético (männ.)/diabética (weib.)
Sono diabetico!	Soy diabético (männ.)/diabética (weib.)
Sono diabetico!	Soy diabético (männ.)/diabética (weib.)
Ho bisogno di fare iniezioni di insulina!	Me pongo insulina!
Ho un microinfusore!	Llevo una bomba de insulina!
Ho bisogno urgente di un medico!	Necesito un médico urgentemente!
Ho bisogno urgente di insulina!	Necesito insulina urgentemente!
Ho perso la mia insulina!	Se me ha perdido la insulina!
Ho bisogno urgente delle pillole!	Necesito urgentemente unas pastillas!
Per favore, mi dia subito zucchero o Coca Cola!	Por favor, necesito azúcar o un refresco con azúcar!
Per favore, può aiutarmi?	Por favor, ayúdeme?
C'è un medico?	¿Hay aquí algún médico?
Dove posso trovare delle medicine?	¿Dónde puedo comprar medicamentos?
Dov'è la farmacia più vicina?	¿Dónde está la farmacia más cercana?
Dov'è l'ospedale più vicino?	¿Dónde está el hospital más próximo?
S'intende di diabete?	¿Sabe usted algo de diabetes?

DEUTSCH	TÜRKISCH
EINZELWÖRTER	
Apotheke	Eczane
Arzt	Doktor
Blutzucker	Kan şekeri
Blutzuckerstreifen	Kan şekeri için test şeridi
Diabetes	Diyabet (şeker hastalığı)
Insulin	Ensülin
Kohlenhydrate	Karbonhidrat
Notfall	Acil durum
Spritze	Enjektör (şırınga)
Traubenzucker	Üzüm şekeri (glikoz)
Unterzuckerung	Düşük şeker
Überzuckerung	Yüksek şeker
zuckerkrank	Şeker hastası
AUSSAGESÄTZE	
Ich bin Diabetiker!	Ben diyabet (şeker) hastasıyım!
Ich bin zuckerkrank!	Ben şeker hastasıyım!
Ich spritze Insulin!	Ben kendime ensülin enjeksiyonu yapıyorum!
Ich trage eine Insulinpumpe!	Ben bir ensülin pompası taşıyorum!
Ich brauche dringend einen Arzt!	Acilen bir doktora ihtiyacım var!
Ich brauche dringend Insulin!	Acilen ensüline ihtiyacım var!
Ich habe mein Insulin verloren!	Yanımda bulundurduğum ensülini kaybettim!
Ich benötige dringend Tabletten!	Acilen hap almam lazım!
Bitte geben Sie mir schnell Zucker oder eine Cola!	Lütfen bana hemen biraz şeker veya kola veriniz!
FRAGESÄTZE	
Können Sie mir bitte helfen?	Bana yardım edebilir misiniz?
Gibt es hier einen Arzt?	Burada doktor var mı?
Wo kann ich Medikamente bekommen?	Nerede ilaç bulabilirim?
Wo ist die nächste Apotheke?	En yakın eczane nerede?
Wo ist die nächste Klinik?	En yakın hastane nerede?
Kennen Sie sich aus mit Diabetes?	Diyabet (şeker) hastalığı konusunda tecrübe veya bilginiz var mı?

KROATISCH	GRIECHISCH
ljekarna	Φαρμακείο
liječnik	Γιατρός
šećer u krvi š	Ζάχαρο στο αίμα
ispitna trakica za šećer u krvi	Ταινία ελέγχου του ζάχαρου
dijabetis	στο αίμα
inzulin	Ινσουλίνη
ugljični hidrati	Υδρογονάνθρακες
slučaj nužde	Επείγον περιστατικό
injekcija	Ένεση
grožđani šećer	Σταφυλοζάχαρο
premalo ŝećera u krvi	Υποζαχάρωση
previŝe ŝećera u krvi	Υπερζαχάρωση
ŝećerni bolesnik	Ζαχαροπαθής
Ja sam dijabetičar!	Είμαι διαβητικός!
Ja sam ŝećerni bolesnik!	Πάσχω από ζάχαρο!
Uzimam inzulin injiciranjem!	Κάνω ενέσεις ινσουλίνης!
Nosim pumpu za inzulin sa sobom!	Αυτή είναι μία αντλία ινσουλίνης!
Trebam hitno liječničku pomoć!	Χρειάζομαι επειγόντως ένα γιατρό!
Izgubio sam svoj inzulin!	Χρειάζομαι επειγόντως ινσουλίνη!
Izgubio sam svoj inzulin!	Έχασα την ινσουλίνη μου!
Trebam hitno uzeti tablete!	Χρειάζομαι επειγόντως χάπια!
Molim vas, dajte mi brzo ŝećera ili koka-kolu!	Δώστε μου παρακαλώ γρήγορα ζάχαρη ή μία κόλα!
Molim vas, moÏete li mi pomoći?	Μπορείτε παρακαλώ να με βοηθήσετε;
Ima li ovdje neki liječnik?	Υπάρχει εδώ ένας γιατρός;
Gdje mogu dobiti lijekove?	Πού μπορώ να αποκτήσω φάρμακα;
Gdje je najbliža ljekarna?	Πού βρίσκεται το πλησιέστερο φαρμακείο;
Gdje je sljedeća klinika?	Πού βρίσκεται η πλησιέστερη κλινική;
Imate li iskustva sa dijabetisom?	Έχετε γνώσεις σχετικές με το διαβήτη;

KRENN Bücher zu Diabetes

Verband der Diaetologen Österreichs

Das österreichische Diabetiker-Kochbuch

176 Seiten, geb., zahlr. Speisenfotos
ISBN 978-3-99005-106-1, €19,90

Dr.phil Helga Grillmayer, Birgit Ranacher

Das österreichische Diabetiker-Backbuch

176 Seiten, geb., zahlr. Speisenfotos
ISBN 978-3-9501316-7-3, € 19,90

Dr. phil. Helga Grillmayr (Hrsg.)

Der große österreichische Diabetes-Ratgeber

256 Seite, geb., zahlr. Farbabb.
ISBN 978-3-902351-93-7, € 19,90

Verband Österreichischer DiabetesberaterInnen

Diagnose: Diabetes Typ 2

128 Seiten, broschiert
ISBN 978-3-902351-05-0, € 12,90

Hubert Krenn VerlagsgesmbH

Gußhausstraße 18
A-1040 Wien
T +43 1 585 34 72
F +43 1 585 04 83
hwk@buchagentur.at
www.hubertkrenn.at